合気道三年教本

合気道三年教本

第一巻＊初年次初級編

慣性力を活かす

合気道星辰館道場＝編著

海鳴社

はじめに

三巻からなる本書は、合気道に初めて触れる皆さんのために準備された教本だが、特に大学に入学したばかりの新入生が合気道部や合気道同好会に所属する場合の典型的な活動期間である、三年間をとおして使用できる稽古《けいこ》教本として最適な形となっている。その理由は、この教本の原型が実はノートルダム清心女子大学合気道部における長年の稽古によって培われてきたことにあるだろう。

むろん、大学合気道部などではなく、一般の合気道サークルや道場でこれから合気道を始めようという皆さんにとっても、この教本は初段を取って袴《はかま》をはくまでに必要な三年間の稽古のすべてにおいて、必ずやお役に立つと自負している。

それに加えて、地域社会に開かれた大学を目指すという昨今の大学運営の流れを先取りするいくつかの大学においては、既に学生以外の一般人をクラブ活動に迎え入れていると聞く。ノートルダム清心女子大学合気道部においても、そのような大学による地域貢献の一環として、社会人となった卒業生やその子女、さらには一般の皆さんにまで門戸を広げて合気道の指導を行うことになった。そのため、従来

山口清吾先生と奥様

の大学合気道部を下部組織として持つ地域開放型の道場を学外に組織することにしたのだ。それが、合気道星辰《せいしん》館道場に他ならない。

本来は合気道清心館道場としたかったのだが、財団法人合気会で調べていただいたところ、既に清心館の呼称は他の道場が使用していたため、発音のみを大学名と同じにした星辰館となった。

ノートルダム清心女子大学はカトリックの修道女会が運営する私立女子大学だが、合気道部の活動は既に四半世紀を超えている。残念ながら岡山においては合気道の道場や指導者が限られていたため、創部三年にあたる一九八八年には合気会本部道場の山口清吾師範のご尽力で、合気道部を本部道場直轄という形にしていただいた。その後の合気道部の発展には目を見張るものがあったのだが、山口先生が病に臥せられるようになってからは先生のご体調に比例するかのように低迷してしまう。

山口先生はご自身の容態が悪化する中でも我々合気道部の先行きを気にかけてくださり、後任の師範として当時若き師範として活躍されていた植芝守央現道主を紹介していただいた。その結果として、以来二十二年の長きにわたり、地方にありながら合気道道主を師範とする本部道場直轄の大学合気道部という、極めて恵まれた環境で合気道の稽古を続けることができた。
この場をお借りして、合気道道主植芝守央先生に心からの御礼を述べさせていただく。また、このたびノートルダム清心女子大学合気道部の上部組織として新たに合気道星辰館道場を興すにあたっては、財団法人合気会のご担当の方に丁寧なご指導をいただくことができたことも記し、重ね重ねのご厚情に感謝の意を表したい。

本書を天国にまします山口清吾師範に捧げる。

二〇一一年春

合気道星辰館道場・ノートルダム清心女子大学合気道部一同

もくじ

合気道の歴史

現在の合気道は第二次世界大戦終了後に連合軍占領下で禁止されていた日本武術の中から、柔道、剣道、空手道、少林寺拳法などと同じように、青少年の健全育成のために殺傷技法を抜き去り精神修養と身体鍛磨に主眼を置いて考案された、現代的スポーツ武道の一つと理解すべきだろう。財団法人合気会が当時の文部省によって認可されたのは、終戦から二年半が経った昭和二三年二月のことだった。

終戦前の合気道は、大正六年に新設なった東京の皇武館道場で稽古されていた武術技法のことであり、それ以前は大正二年に植芝盛平翁が大東流合気柔術の達人武田惣角《そうかく》から学んだ柔術技法をいくつかの異なった呼称で指導していた。このことからもわかるように、終戦前までの合気道は本質的に大東流合気柔術だったと考える向きも多いのは事実だ。

だが、植芝盛平翁の交友範囲が当時の帝国陸海軍将校や政財界の重鎮にまで及ぶようになるに従い、皇武館に入門できる門人もごく一部の人に限られ、また実際に合気道に触れることができたのも直接に指導を受けた陸海軍の一部の高級軍人に限定されてきていた。そのため、一般の人々の間では気合いで

植芝盛平（画・北村好孝）

相手を投げ倒す無敵の神秘的武術という印象が広まっていくほどに、合気道の実態はまったく知られてはいなかった。

それがまた、明治から大正にかけて全国を行脚して教伝に努めた武田惣角の大東流合気柔術と同じ状況であることからも、当時の合気道は大東流合気柔術の一部の技法を植芝盛平翁が武田惣角の弟子として代理に教えていたものをそう呼ぶようになったと考えられているようだ。

だが、本書はあくまで現代の合気道についての教本を目指しているため、そのような終戦前までの時代における合気道技法やその生い立ちなどについては、これ以上触れることはしない。

我々が合気道として考える技法体系は、あくまで財団法人合気会が生まれ、皇武館道場から合気会本部道場へと名前を変えたときから整備されてきた現代的合気道技法に他ならない。これについては、その後合気会から離れ独自の合気道組織を作っていくことになる藤平光一師範や塩田剛三師範、あるいは富木謙治師範に加え、植芝盛平翁の実子植芝吉祥丸元道主の尽力が大きかったといわれている。

植芝盛平翁に戦前戦中あるいは終戦直後に入門し、その後合気会とは別の合気道組織を興したのは、日本光輪洞合気道の平井稔師範、心身統一合氣道の藤平光一師範、合気道養神館の塩田剛三師範、それに富木流合気道の富木謙治師範だったが、その後も万生館合気道の砂泊諴秀や天道流合気道の清水健二師範が続き、現在では合気会だけでなくそれぞれ独立した合気道組織からも分派する師範が多い。そのために植芝盛平翁に由来する合気道であっても、数多くの様々な合気道組織にまたがって世界的に普及しているのが実状だ。

話をさらに複雑にしているのは、植芝盛平翁が達人武田惣角から学んだ大東流合気柔術の分派の中にも、その技法を合気道と呼んで普及しているケースもあるという事実の存在だろう。しかし、合気道と呼ぶことのメリットがあるということは、既に合気道という名前自体が世の中に広く浸透してきたということに違いない。その意味では、喜ばしいことなのかもしれないが、技法自体や技の呼び名などもかなり異なっているため、初心者に不要な混乱を招くことになっているので注意が必要だろう。

これからご紹介する合気道の技法は、すべて財団法人合気会が現在普及させているものであり、終戦後に植芝盛平翁が示した技法を当時の高弟達が整備集大成した技法体系に含まれるものとなっている。そのため、合気会に属する道場や大学合気道部において稽古する内容に完全に一致することを、あらかじめお伝えしておく。

むろん、合気会以外の合気道組織において稽古されている合気道といっても、基本的にはそれほどの差違はないため、実質的には国内外のどの場所でなされている合気道に対しても本書が適切な教本となり得ることは間違いないだろう。

稽古方針

本書では、まったくの初心者が合気道を修めていく上で最も大切にしなければならない、最初の三年間における合気道稽古を一つのまとまった体系として取り上げていく。同じ技であっても、最初の一年以内の稽古で用いるときと二年目や三年目に入ってから使う場合では、本人の心身的力量に差ができているため動きの詳細や心構えまでもが異なってくるからだ。

入門一年以内の人は合気道に必要とされる独特な身体活用を生むための骨格筋制御機構が備わっていないため、本当のことをいえば合気道の技を相手にかけてみても効果はほとんどない。そのため、特に男性初心者に多く見られるようだが、一部の人達は自分の腕力が足りないのだと誤解してしまい、スポーツジムに通って筋力トレーニングを始めてしまう。その結果、本来ならば三年後にはほぼできあがるはずの合気道のための骨格筋制御機構はまったくできずじまいに終わる。

実はこの点の理解を促す努力がこれまでないがしろにされてきたため、合気道を始めたはよいが何年稽古してもいっこうに強くなれないし、先輩はおろか後輩にさえも技が効かないと嘆いてやめてしまう男性門人が少なくなかった。その人達の合気道に対する感想が漏れ広がっていったために、合気道は実戦には効かないとか、馴れ合いで稽古している踊りのようなものだというマイナスの評価が世間にあるのも事実だろう。

だが、それは合気道というものの本質をまったく理解できずに間違った稽古を続けてしまった不幸な人達が残した風評であり、本書で示されるような正しい稽古を三年間続けていくならば、合気道の技を効果的にかけることができる骨格筋制御機構を自分自身が作り上げていくことができる。つまり、その時点でやっと合気道にふさわしい身体（「合気の身体」と呼ぶ）を生み出すことができることになり、実際に合気道の技を活用して自在に相手を投げ倒すのはそれ以降の話だ。

このように、合気道という武道の修得には単に長い時間がかかるということだけでなく、その間にわずかであっても合気の身体を生み出すことにマイナスとなる他の運動や筋トレなどを行ったとたん、それまでの努力も苦労も水の泡となって二度と合気道の技を操れる身体には戻れなくなってしまうという落とし穴が存在する。

これから合気道を始めようという皆さんは、合気道の身体は合気道の稽古をとおしてしか作れないということを肝に銘じて、決して筋トレなどの落とし穴にはまるようなことのないように注意していかなくてはならない。昔から

「合気道は箸と茶碗が持てる力があればできる」

と言い伝えられてきたことの真意は、

「合気道を目指す者は箸と茶碗より重いものを持ってはいけない」

ということにあるのだから。

とはいえ、合気道の稽古を始めて最初の数年の間だから技が効かないというのではなかなか稽古を続ける意欲が湧いてこないのも事実だろう。そのこともあって、合気道の稽古においては技が効いていなくても相手が自ら受け身を取って倒れていくことが、慣習となってしまった感がある。それはそれで、決して力まずに合気道の稽古ができるという点では非常に効果的なのだが、反面相手をする側の人間にとればそのような自ら倒れる動きが身についてしまって、実戦の場面においても他の武道初心者にすら簡単に倒されてしまうことになる。

その意味でも初心者同士、あるいは同じ修行年限の者同士の稽古は避けるべきで、稽古相手は必ず上級の先輩を選ぶべきであろう。特に入門初年次の間は必ず上級者と稽古し、二年次や三年次となったときに初年次の初心者と稽古する場合には、相手が合気の身体を育てていけるように指導することに努めなければならない。

初年次の稽古においては、従来のように相手（「受け」と呼ばれる）が自ら倒れるようなことをしなくても合気道の技が効果的に決まり、また技をかける側（「取り」と呼ばれる）も無駄な筋力を使わないために合気の身体を作り上げる助けとなる動きに特化する必要がある。それは、受けの動きに対して取りが「間合い」と呼ばれる受けと取りの間の相対的位置関係を、技をかけるのに最適となる場所に移動するという動きに他ならない。

しかも、その動き自体はまったく力まない自然に滑るようなものであるため、力学の基本法則である慣性の法則が教える「慣性力」を秘めることができる。正しい間合いから慣性力を秘めた力まない動きで合気道の技をかけるならば、たとえ取りが初年次であっても自ら倒れるつもりもない受けを効果的に投げ倒すことができる。

本書初級編で解説する初年次の合気道技法の詳細は、従ってすべてこのような間合いと慣性力に着目した観点からの指導要領となっていることはいうまでもない。しかしながら、いつまでも間合いと慣性力だけで合気道の技をこなしていたのでは、植芝盛平翁が示された

「本当の合気道は六十歳からだ」

という境地には、とうていたどり着くことはできないだろう。そのためには、慣性力などの純粋力学的な力のみならず、「呼吸力」や「中心力」などと呼ばれる自己と他者の間に働く人間に固有の作用力をも身につけていく必要がある。

本書中級編で示す二年次の合気道技法においては、このうち特に人間の持つ原初的生命力の作用と考えられている「気」を意識的に発動させる「意気」の効用に重点が置かれることになる。さらには、気を意識下ではなく無意識の段階で発動させる三年次のレベルへとつなぐ役割を持つ、「呼吸」の利用にも及ぶ。呼吸動作には合気道のための骨格筋制御機構と同じ種類の、錐体外路と呼ばれる神経系による原初的な筋制御機構が使われているため、合気の身体を生み出していく上で大いに参考となる。

実際の呼吸動作において機能する筋肉組織の動きを重ね合わせることで、力みを極力抑えた形で骨格

写真１　初段以上に許される袴姿の合気道稽古着

筋を動かすことができるときに生じる効率的で増幅された筋力を合気道の稽古においては「呼吸力」と呼んでいるが、二年次の稽古の目的はこの呼吸力の育成と考えてもよい。

三年次の合気道技法として、本書上級編においては無意識のうちに合気道のための骨格筋制御機構を発動することができる自然な動きである、「合気の動き」を多く取り入れた技のかけ方を解説する。常に百パーセント合気の動きを示すことができる身体が「合気の身体」といえるが、この状態が達成されたならばその動きは通常では考えられないような作用力をもたらすことになる。それが合気道において「中心力」と呼ばれているものに他ならない。

こうして三年間をかけて合気の身体を生み出し、中心力を使うことができるようになったならば、晴れて自在に合気道を操るためのさらなる稽古修練のスタートラインに立つことができる。そのときに許可される初段の黒帯と袴《はかま》こそは、合気道修行者のパスポートなのだ。

多くの皆さんが本書によって筋トレの落とし穴にはまることなく、三年間で見事に合気道のパスポートを取得されんことを願って、以下に合気道星辰館道場における稽古内容を詳しく公開することにしたい。

稽古開始から稽古終了までの流れ

開始礼

稽古には時間厳守で臨《のぞ》み、稽古着に着替えた上で開始十分前には道場の掃き掃除を終えて師範の入場を待つ。なお、道場に入るときは必ず立ち止まって正面に向かって一礼しなければならない。師範の入場を待つ間は、道場正面を向いて一列に正座し緊張感を高めておく。私語は厳禁とする。

挨拶とともに師範が道場に入ってきたときには、各自自発的に挨拶を返す。師範が道場正面に向いて正座した時点で、一同は師範の後ろ姿に合わせて正面を正視する。師範による

「正面に礼」

のかけ声で正面に向かって無言で一斉に一礼する。

直後に師範が正面を背にするように振り向いて正座し

「互いに礼」

と声をかける。これにより、一同は師範に対して、師範は一同に対して

「よろしくお願いします」

と発声しながら互いに一斉に一礼する。

これで、稽古が開始される。

やむを得ない理由で道場到着が遅れた門人は、更衣室あるいは道場の片隅で稽古着に着替えた後、一人で道場正面に一礼し、さらに稽古中の師範と門人達に向かって
「よろしくお願いします」

と小声をかけてから無言で一礼する。これに対して、既に稽古を始めている師範と門人達は何ら気にとめることなく、そのまま師範の指示の下での稽古に没入していればよい。

準備運動

開始礼の直後には、師範の動きに合わせて全員で準備運動を行う。準備運動の詳細は担当の師範によってある程度の違いはあるが、おおむね以下のような順番で身体各部のウォーミングアップを行うことになる。場合によっては、師範あるいは師範に指名された門人が各準備運動の名称を告げたり、各運動の途中で「一、二、三……」のかけ声をかけることもあるが、その場合は一同も合わせてかけ声をかけながら準備運動を行う。

開始礼の後で師範と一同は互いに向き合って正座しているため、準備運動はまず正座してできる運動から始める。

・右手を軽く握って左手と左腕の表裏を軽く叩いていく。また、そのまま左肩と左胸も軽く叩いておく。
・左手を軽く握って右手と右腕の表裏を軽く叩いていく。また、そのまま右肩と右胸も軽く叩いておく。
・軽く開いた左手手刀で正座した左足の付け根内側から膝の内側まで軽く叩き、次いで膝の外側から左足の付け根外側まで軽く叩く。同時に右手でも右足について同様の動きを行う。最後に両手の甲で腰の後ろ部分を軽く叩く。
・正座した位置から膝を曲げたままで上体を背中側に倒して畳につけ、両足大腿前部を伸ばす。
・上体は仰向けにしたまま両足を前に伸ばして畳につけ、両手を後頭部で組んで背骨を左右に小刻みにくねらせる「金魚運動」を行う。
・両足を伸ばしたままで上体を起こし、そのまま体前屈を数回行う。
・座って両足をまっすぐ伸ばしたままで左右に最大限開いて、開脚体前屈を数回行う。
・開脚のままで、上体を左足先の方向に斜め体前屈を数回行い、その後右足先の方向にも数回行う。
・両足を前に伸ばした状態で左足を折り曲げて右膝上に置き、左掌で左足甲を、右手拳の小指側で左足裏を叩く。次に、右足を伸ばして座ったまま左足首を両手でつかんで脱力した左足を数回揺さぶる。右足についても同様にする。
・起立し両足を揃え、その場で軽く数回垂直跳びを行う。
・両足を肩幅に開き、ゆっくりと体前屈をした後に腰の左右に両手をあてて上体を後ろにゆっくりと反らせる運動を数回繰り返す。

・両足を大きく開き、左足先に向かってゆっくりと体前屈をした後に両手を左右に開きながら胸を張り、次に右足先に向かって体前屈をした後に同様に胸を張る運動を数回繰り返す。

・両足を大きく開いたままで左足は伸ばして左手で左膝を押さえ、右手を添えた右膝を曲げて腰を落としていき左足の伸張動作を行う。次に同様に右足の伸張動作を行う。

・右足を前に、左足を後ろにして身体を軽く前後に開き、両手を軽く握って腰の前に左右に置いた位置から、和船の櫓《ろ》を漕ぐように腰と両手を同調させて前後に往復運動させる。次に左右の足を入れ替えて同様の運動をする。これは「船漕《ふなこ》ぎ運動」と呼ばれる合気道に固有の準備運動だが、正式には「天《あめ》之鳥船《のとりふね》」と呼ばれているため、師範によっては単に「鳥船運動」と発声することもある。

写真２
船漕ぎ運動

写真2　つづき

・両足を軽く肩幅に開き、左掌を上から右掌に合わせるように両手を腰の前に組んで上下に軽く揺らしながら、口を少し開いた状態で息をゆっくりと吐き続ける。これは「振《ふ》り霊《たま》」と呼ばれ、修験者が滝行《たきぎょう》を行うときに生じる呼吸障害を補う強制的な呼吸法として知られている。

・両足を揃えて直立し、両手を大きく開きながら深呼吸をする。

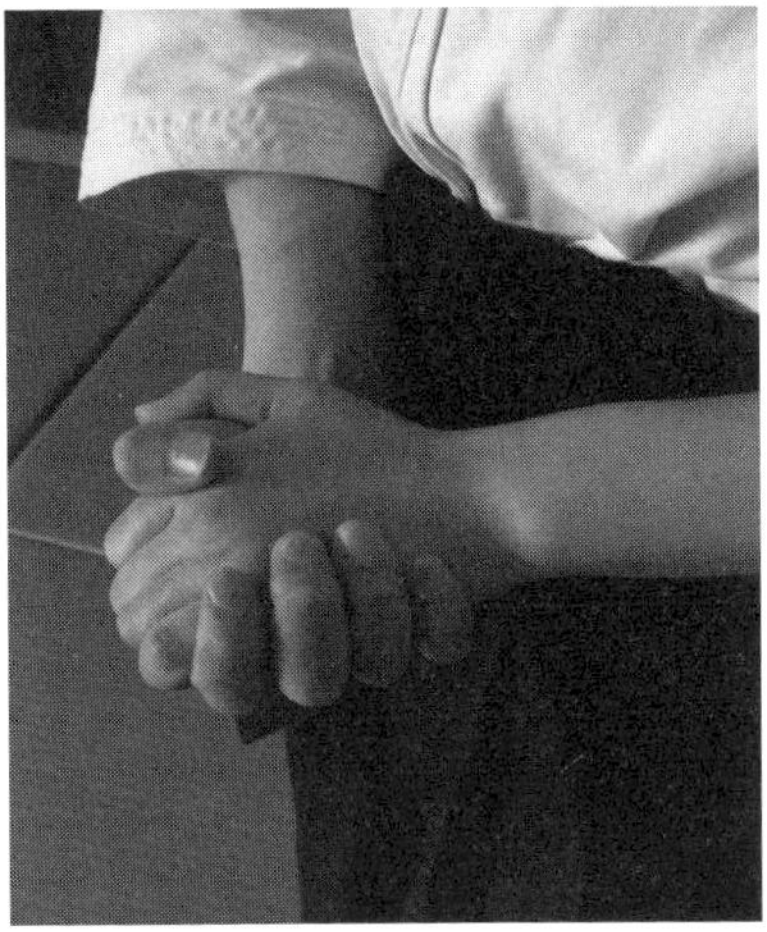

写真３
振り霊のときの
両手の合わせ方

写真４
振り霊をするときの姿

膝行

正座の姿勢から両足の指を上に曲げて畳に立て、踵《かかと》のアキレス腱の上にお尻をあてて上体を乗せる座り方を起座《きざ》と呼ぶが、その起座の姿勢のままで両膝《ひざ》を交互に前に出して座ったままで歩く技法を「膝行《しっこう》」と呼ぶ。そのまま両膝を交互に後ろに引いて後ろ方向に歩くことも可能だし、途中で左右に方向転換することも通常の歩行動作と同じく可能となる。

写真5
膝　行

膝行においては、両足の踵が常に自分のお尻の下に隠れるようにしておく。ひざまづいたままで前に進むようにして踵や足首を後ろに残してしまうのは厳禁。

写真６
正しくない膝行
のやり方

他の武道に見られない合気道の特徴は、起座の姿勢のまま膝行を使って身体を動かすことで座っている相手を制す「座り技」と呼ばれる技法を多用することにあるといってもよい。そのため、早い時期に膝行を完全に身につける必要がある。

道場においては、

「膝行」

という師範の発声により道場の外延部を門人一同が一列になって左回り（反時計回り）に膝行する。途中で師範が

「後ろ向き」

と発声した時点で全員がその場で一斉に反転し、そのまま道場外延部を後ろ向きになってやはり左回りに膝行する。

師範による

「膝行やめ」

の発声で一同はその場で立ち上がり、両膝を伸ばす運動を少ししておく。

慣れないうちは多くの人が膝行によって両膝の皮を剥《む》いてしまい、場合によっては出血することもある。特に袴をつけていない状態では両膝の皮を剥《む》きやすいので、必要に応じて膝のサポーターなどを装着するとよいだろう。

受け身

合気道の受け身は基本的に「後ろ受け身」と「前受け身」で充分だが、変形した前受け身も場合によって用いることがある。いずれの場合も、柔道の受け身とは違って畳を叩いて倒れたときの衝撃や勢いを殺すということはせず、身体をうまく回転させて音もなく立ち上がってくる受け身を目標としている。その理由としては、合気道の稽古が当初は柔道場のように畳が敷かれた場所ではなく、剣道場のような板場で行われていたことによるとされている。従って、板場だけでなくアスファルト地面やコンクリートの固い床でも、安全に無理なく受け身を取ることができるはずだ。

まず後ろ受け身だが、右足を前にし左足を後ろにして軽く両足を前後に開くように立った「右半身《みぎはんみ》」の姿勢から始める。

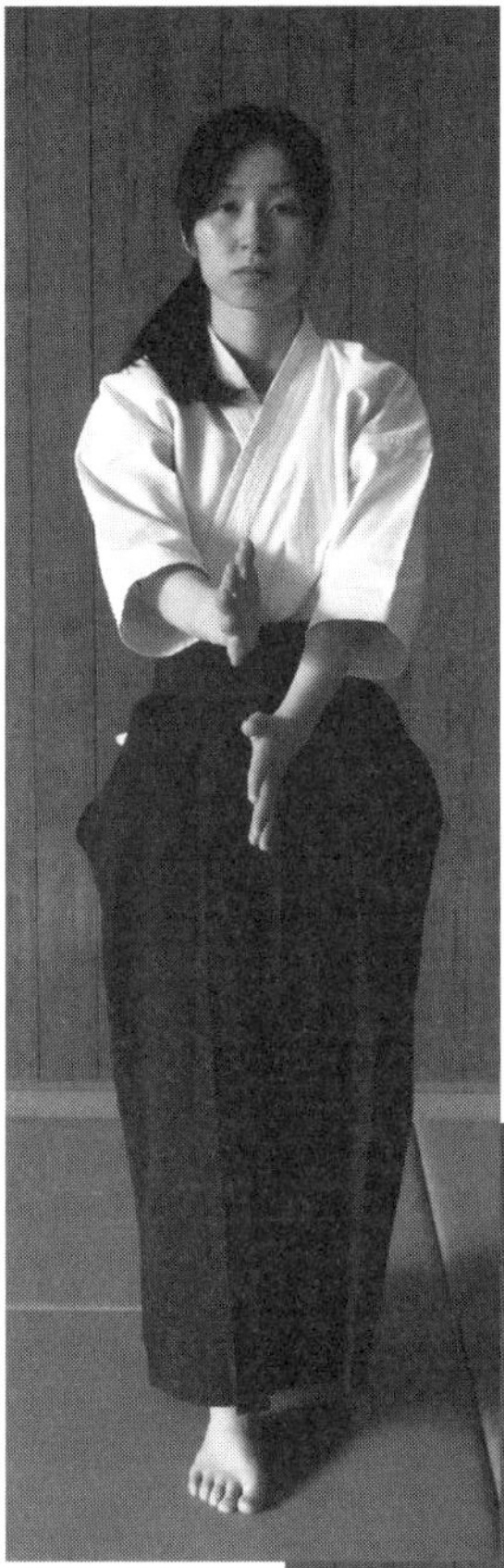

写真７
右半身の姿勢

右半身で立った状態から後ろの左足の膝を徐々に曲げていきながら、左足足刀部を小指の側から始めて足首まで畳につけ、次いで足首から左膝に至る左足外側、さらには左膝から大腿部に至る左足外側を畳につける。その後は、腰から背中が畳につくように後ろに倒れるが、このときに顎を引き締めて自分の腰の前にある帯や袴の結び目を見るようにすることで、後頭部を床に打たないですむ。

写真8
右半身からの後ろ受け身で倒れ込むまで

このとき、右手は顔の前に出し、左手はお腹の前に出しておき、後ろ受け身の途中でも身体の前面を防御する気持ちを失わない。後ろに倒れるときの勢いが充分に消えたならば、今度は先ほどまでの背中や腰や足の動作をすべてビデオ画面を逆に遡《さかのぼ》るようにして前に回り込むように起き上がりながら、最終的に再び右半身で立つ。

写真９
右半身からの後ろ受け身で起き上がるまで

また、後ろに倒れ込むときの勢いが強くて腰から背中を畳につけたときに勢いが衰えていないときには、そのまま右肩から右腕を畳につけるようにしてその勢いを利用して完全に後ろに一回転して立ち上がる。これを「回転後ろ受け身」と呼ぶこともある。

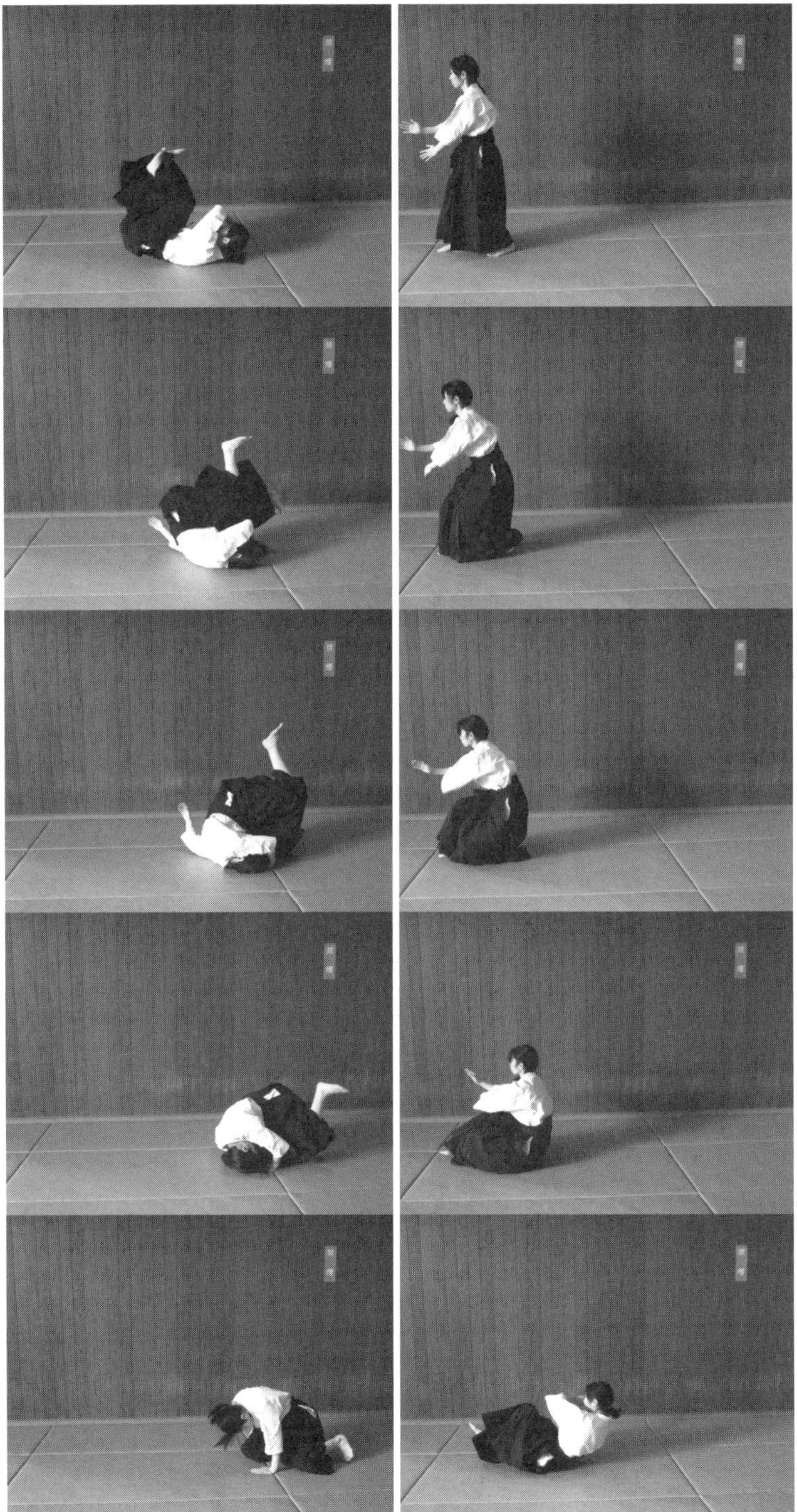

写真 10
右半身からの回転後ろ受け身

写真10　つづき

右半身からの後ろ受け身の次には、左足を前にし右足を後ろにした「左半身《ひだりはんみ》」の姿勢から同様にして右足の膝を徐々に曲げていく後ろ受け身を行う。このように、後ろ受け身は左右交互に最低十回程度は毎回行っておくとよい。

女性で長髪の場合には稽古前に髪を括っておく必要があるが、その場合にポニーテールのように後頭部真後ろに結び目がくると、後ろ受け身のときに髪の結び目で後頭部の頭蓋《ずがい》を強打する危険性がある。そのため、右耳か左耳の下に結び目がくるように、偏った形に髪を縛っておくのがよい。同様の意味で、男性が汗止め目的で鉢巻をする場合には、結び目は必ず額の側にしておく。

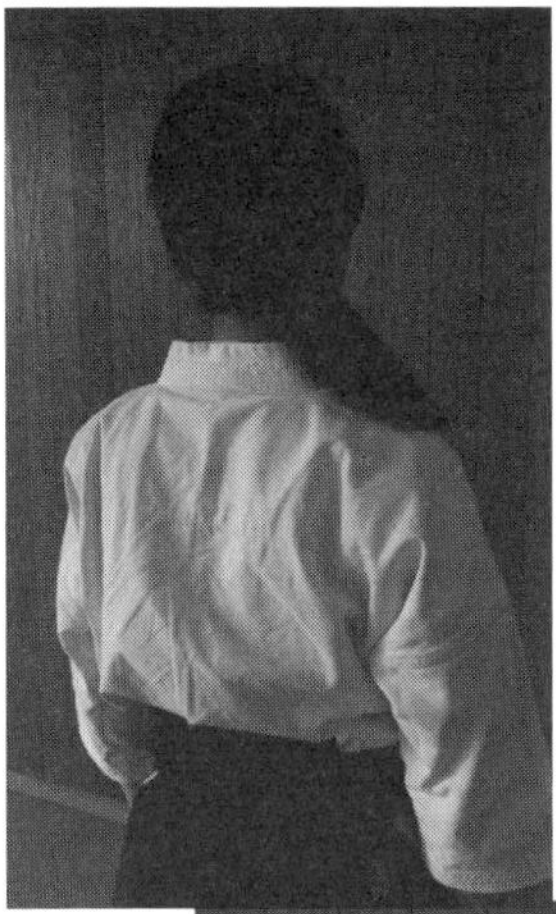

写真 11
長髪は左右に偏らせて括っておく

前受け身は、各自でその場では行わず、いくつかのグループに分かれて列を作って同じ向きに向かって行う。これは、前受け身の習練で互いにぶつからないための安全策に他ならないが、たとえ少人数の稽古であっても厳守されなくてはならない。

自分の順番がきたとき、まずは右半身に立った状態から右手を弓なりに固く伸ばして手刀を前方の畳につけることから始め、次いで右手首から右肘に至る右前腕外側、さらには右肘から右肩に至る右上腕外側を畳につけるようにして前方に転がる。その後は、転がる勢いを利用して右肩から背中が畳につき、さらに腰が畳についた時点で後ろ受け身の後半で起き上がる動きを行う。つまり、腰から順次左足大腿部外側を畳につけるが、このとき左足の膝から先の部分は折り畳んだままで左膝外側が畳についたときに、左足の膝から先の部分が同時に畳に触れて立ち上がることができる。

写真 12
右半身からの
前受け身

右半身から前受け身で前方に一回転して起き上がったならば、次には左半身の状態から左手を固く弓なりにして同様に前受け身を行う。前方に畳の床がなくなる道場の外延部にたどり着くまで、このようにして右半身と左半身からの前受け身を交互に行っていく。

写真 13
左半身からの前受け身

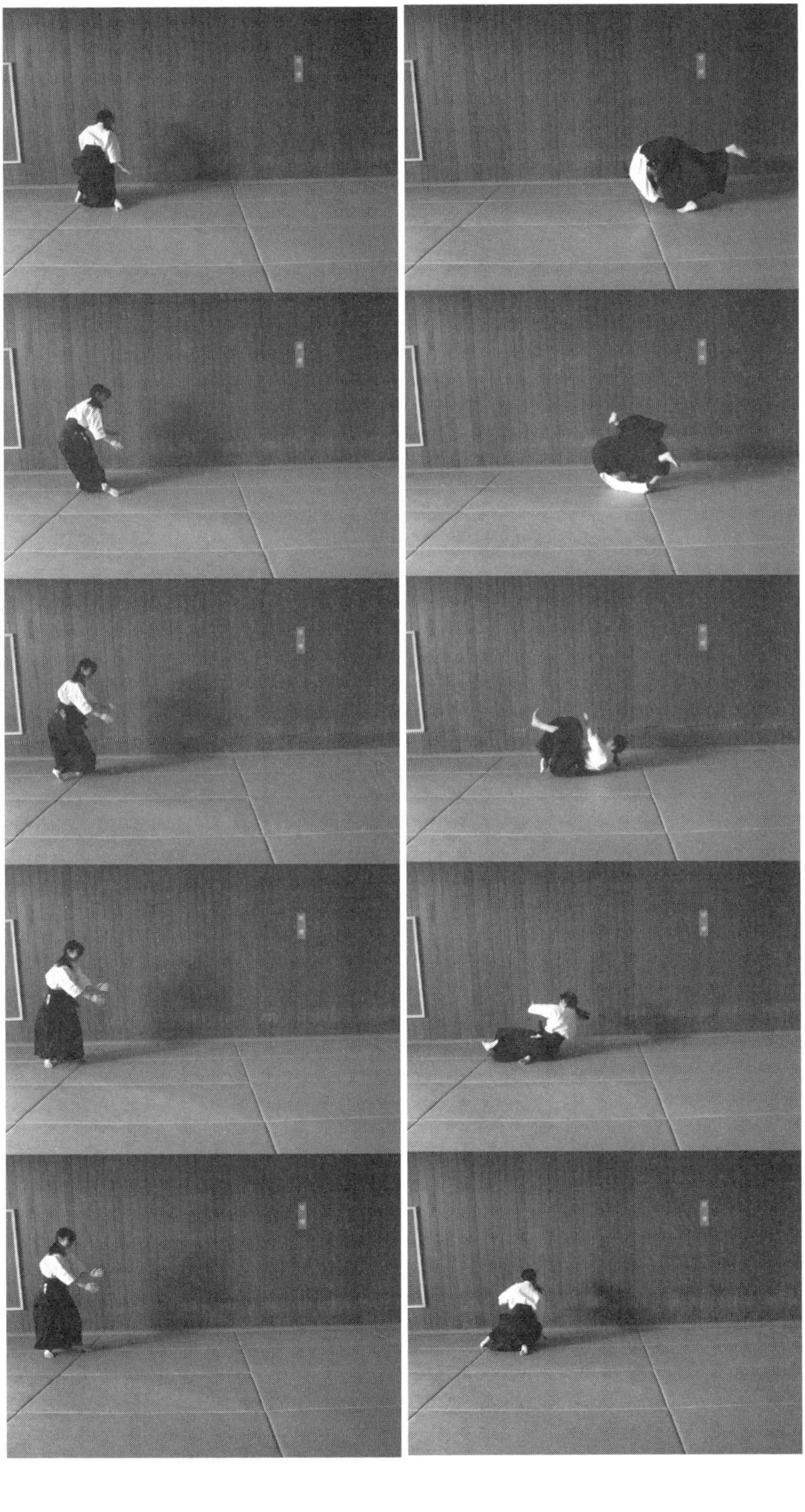

最後に変形した前受け身だが、これは二人一組となって各組がその場で行う。二人のうち一人は補助者（これも「受け」と呼ぶ）となって受け身を行う門人（これも「取り」と呼ぶ）を助けることに専念するが、終わったら今度は受けと取りが入れ替わることはいうまでもない。

写真14　変形した前受け身のときの受けと取りの手の握り方

まず、受けと取りが互いに握手をする位置からさらに手を伸ばし、相手の右手の手首を内側から強くつかんでおく。この手は一回の受け身が終わるまで、安全のために決して離してはならない。また、受けは取りが頭を畳にぶつけてしまわないように、受け身をする間中しっかりと腕を引き上げるようにして取りの身体を支えておく。

この状態から、取りは右半身の姿勢から自分の右斜め前方下に向かって頭を落としていくように自分の右手の向こう側に倒れ込んでいき、右肩や背中が畳について後に腰が畳についた時点で左手で強く畳を叩く。このとき左足の膝から先の部分は折り畳んだままで左膝外側が畳についたときに、左足の膝から先の部分も同時に畳に触れ、さらには軽く伸ばした右足の足裏でも畳を叩いて回転の勢いを殺す。

写真 15
右手を支えてもらう
変形した前受け身

写真15　つづき

次には、互いに左手首を強く握り合った上で、取りは左半身となって自分の左手の向こう側左前方に頭を落とし込んでいくように前方に回転し、先ほどと同様に前方受け身を取る。

写真16
左手を支えてもらう変形した前受け身

こうして、右手と左手を交互に入れ替えながら数回ずつ変形した前受け身を行った後に、今度は受けと取りの役割を交代する。

入り身

合気道の体裁《たいさば》きの中で最も基本となるものが「入《い》り身《み》」となっている。入り身の習練においては二人一組での動作でも、あるいは単独動作でも可能だが、初心のうちは二人一組で行うのがよいだろう。二人のうち、取りとなって入り身の習練を行う門人と、受けとなって取りを正面打ちで打っていく門人は途中で受けと取りの役割を交代するが、左右一本ずつの入り身を十回繰り返した時点で交代するのが効率がよい。

まず、受けも取りも右半身となり、互いに畳一畳程度空けた間合いで相対する。その位置から受けは前に進みながら、取りの正面を右手刀を振りかぶって打ち下ろす。受けのこの正面打ち動作に合わせ、取りは右足を右前方に送り込み、直後に左足を引きつけて受けの身体の左肩側に左半身で立つ。

写真 17
右半身からの入り身
(左手を受けの肩にかけずわき腹に当て身を入れる場合)

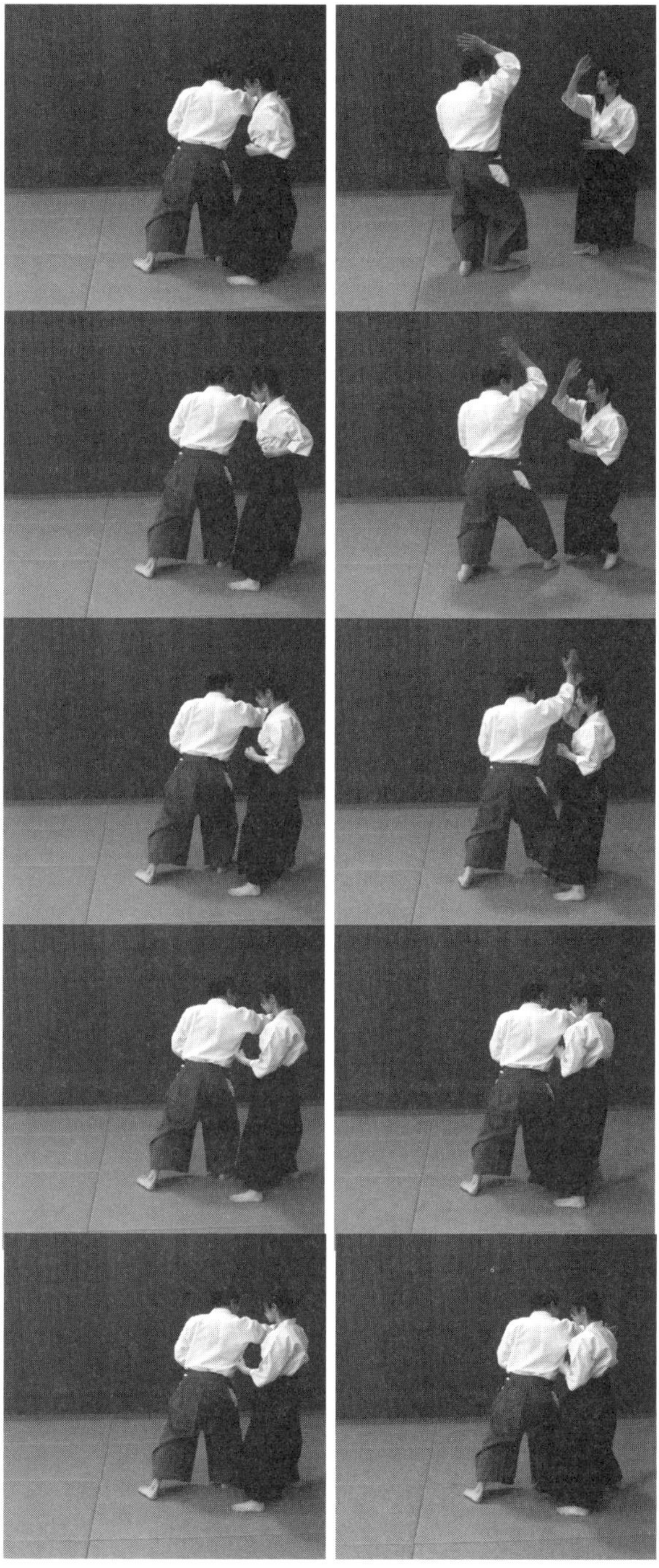

このとき、取りの右手は受けの右肘に上から置き、左手は受けの首に後ろからかけておく。師範によっては、左手で取りの左わき腹に当て身を打つ動作をする場合がある。

次に、両者左半身となって受けが左手で正面を打ってくるのに合わせ、取りが右前方に向かって先ほどの動きを左右入れ換えた要領で入り身を行う。

写真18
左半身からの入り身

単独動作での入り身習練は、二人一組で行う場合の取りの動きだけを、受けの存在を仮想して行う。また、右半身の取りに対して受けが左手で正面を打ってきたときには、左足を前に送る右半身からの入り身ではなく、右足を前に送る「変形入り身」と呼ばれる体裁きを用いる。これについては、単独動作の場合の連続写真のみを提示しておく。

写真 19
右半身からの
変形入り身の
単独習練の場
合の一連動作

体の転換

合気道で多用する体裁き動作に、「体《たい》の転換《てんかん》」ないしは簡単に「転換」と呼ばれるものがある。転換の習練においても、二人一組での動作と単独動作の両方が可能だが、入り身同様にやはり初心のうちは二人一組で行うのがよいだろう。また、取りとなって転換の習練を行う側と受けとなって取りの腕をつかみにいく側の役割は、左右一本ずつの転換動作を十回程度こなしてから交代する。

まず、受けも取りも右半身となり、互いに後ろの左足を前に送り出すことで左手で相手の右手首をつかむことができる間合いで相対する。この位置から受けはそのようにして取りの右手首を左手でつかみにいく。受けが右手首をつかみにくる動作に合わせ、取りは右足を軸として身体を反時計回りに回すようにして後ろにある左足を背中側から右前方に送り込み、両手を胸の高さで掌を上に向けるようにして受けの身体を制する形で右半身の姿勢となる。

写真 20
右半身からの体の転換

次に、両者左半身となって受けが右手で左手首をつかみにくるのに合わせ、取りが左前方に向かって先ほどの動きを左右入れ換えた要領で転換を行う。

写真21
左半身からの
体の転換

写真21　つづき

単独動作での体の転換の習練は、入り身の単独習練と同様に、二人一組で行う場合の取りの動きだけを受けの存在を仮想して左右交互に行えばよい。

写真 22　体の転換単独習練の一連動作

入り身転換

合気道の体裁きとしては、入り身と転換を合成した「入り身転換」と呼ばれるものもある。入り身転換の習練においても、やはり二人一組での動作と単独動作が可能だ。取りが入り身転換の習練を行うとき、受けは取りを正面打ちで打っていくが、左右一本ずつの入り身転換が終わった時点で受けと取りの役割を交代する。

入り身習練と同じように、受けも取りも右半身となって互いに前足を半歩出すことで相手を手刀で打つことができる間合いから、受けは右足を半歩出して取りを手刀で正面打ちにいく。受けの正面打ちの機先を制し、取りは右足を半歩前に出しながら右手手刀を受けの右肘に下から近づける。

直後に右足を軸にして後ろの左足を左前方に送り込むと同時に、取りは右手で受けの右肘を上から下にさばきながら、左手は受けの首を後ろから左手手刀で軽く持つ。取りは次に左足を軸として体の転換と同じ要領で時計回りに身体を半回転させ、右足を背中側から受けの後ろに送る。

写真23
右半身からの入り身転換

今度は受けが左半身から左手で正面打ちでくる機先を制し、取りが右前方に向かって先ほどの動きを左右入れ換えた要領で入り身転換を行う。

写真 24
左半身からの
入り身転換

写真24　つづき

単独動作での入り身転換の習練は、やはり二人一組で行う場合の取りの動きだけを行えばよい。

写真25 入り身転換の単独習練の一連動作

立ち呼吸法

毎回の合気道の稽古において、実際に様々な技の稽古に進む直前に行うのが「立ち呼吸法」とか「立ちの呼吸」と呼ばれる動作習練だ。

取りも受けも右半身で構えた状態から取りは受けを右手で正面打ちにし、受けはそれを入り身によってかわした後に取りの右手を両手でつかむ。

写真26
立ち呼吸法で取りの右手を、まず受けがつかむ

このとき、取りはつかまれた右手の肩と肘を緩めて右手で受けの両手を上げながら、腰を受けの腰に横からあてるようにして左足を受けの前方に、右足を受けの後方に運んで受けを後ろに倒すので、受けは後ろ受け身を取る。

写真27
右手による立ち呼吸法後半

以上の動きを左右を取り替えて行うのが、左手による立ち呼吸法に他ならない。立ち呼吸法の動作は左右交互に合計八本程度をこなした後に、受けと取りの役割を交代する。

各種技稽古

立ち呼吸法を終了する師範の発声により、門人一同は道場の下座（正面と反対の場所）に正面を向いて横一列に整列して正座する。人数が多い場合は横二列のように列を増やしてもよいが、これが稽古中における門人の待機位置となる。

その後、師範が道場中央で一同に向かって正座し、その日の稽古の概要と注意点などを伝える。それが終わってから師範は師範代あるいは門人の中の上級者を一人受けとして指名するので、指名された者は待機位置で一礼してから道場中央まで進み出て、師範が指示した場所に師範と相対するように正座する。

師範と受けは互いに正座で礼をした後､受けは師範の指示に従って師範にかかっていく。これに対し、師範は合気道の技の一つを取りとして左右何回か師演し、また必要に応じて解説を行う。一同はその模範演武を注意深く拝見し、間合いや動き方、あるいは目付けや足運びなどを覚える。ただし、道場内ではノートなどに記録することはひかえ、自分の頭に焼き付けておく。稽古の要点をノートにつけたい場合は、稽古の休憩時間か終了後にする。

模範演武と解説を終えた時点で師範が

「始め」

と発声するので、待機位置の門人一同は師範が示したばかりの合気道の技を稽古する。技の稽古は二人一組で行うのを基本とするが、自分よりも上級者がいる場合にはできるだけ上級者と組むのがよい。また、いつも同じ相手と組んだり、特定の門人を避けたりすることなく、稽古では他の門人とまんべんなく組む努力をする。

二人一組となる稽古以外に、一人が連続して取りとなり、投げ技の場合に他の大勢が一回交代で順次受けとなる「掛かり稽古」もある。掛かり稽古を行う場合には師範がその由を発声するが、特に師範から何も指示されなかったときには常に二人一組で稽古すると理解しておく。掛かり稽古のときは、まず最上級者の門人から取りを始め、上級者から初心者に向かって順次交代で取りとなる。

従って、掛かり稽古のときにはまず門人一同が先頭から入門の古い順に一列に並んでおき、先頭の者が列から離れて振り向き最初の取りを務める。残った一列の門人が先頭から順番に受けとして取りにかかっていき、取りに投げられた受けは受け身をした後に早足で列の最後尾に並び直す。

二人一組での稽古あるいは掛かり稽古の途中で、師範が
「その場でやめ」

と発声したならば、一同はその場で稽古をやめて師範に注目する。多くの場合は、師範が途中で気づいた点を実際に演武しながら一同全員に注意してくれることになるので、師範の指示で受けを取ることになった門人以外は師範の演武の邪魔にならない程度離れて正座する。

また、一同が二人一組で稽古している間を師範が個々に注意しながら巡回していくが、途中で師範から何らかの指導があった場合にはその組の二人だけで注意を受け、その他の組の門人はそのまま稽古を続けておけばよい。

師範による

「稽古やめ」

の発声により、二人一組で稽古していたときには正座して互いに礼をしてから待機位置で一列に正座する。また、掛かり稽古をしていたときには、そのまま全員が立ったままで互いに一礼した後に待機位置で正座する。

このように、師範による模範演武と解説に続く門人一同の稽古が、順次複数の合気道の技について繰り返される。多くの場合一回の稽古時間は二時間とする道場が多いが、前後の準備運動に四十分程度かかることを考えると純粋に技の稽古に使えるのは一時間二十分ほどとなる。その間に稽古できる技の数は八種類から十二種類くらいであろう。稽古の参加人数が多い場合には、師範が巡回するのに時間がかかるため一つの技の稽古時間が長引いてしまい、稽古する技の種類がこれよりも少なくなることもある。また、師範によっては懇切丁寧な解説に終始するため、やはり稽古する技の種類が減ってしまう。

座り呼吸法

合気道の稽古において、一連の技の稽古が終わった直後に行うのに「座り呼吸法」あるいは「座りの呼吸」と呼ばれる動作習練がある。多くの場合、直前に行っていた技の稽古終盤に師範から「稽古やめ、座り呼吸法始め」という指示があるので、その場で互いに礼をすることなく同じ相手のままで正座し直ちに始める。

受けはまず正座位置から膝行で前に進み、同じく正座している取りの両手首を両手でつかみにいく。このとき、取りは機先を制して右膝を膝行の要領で半歩左前方に出しながら、両手を胸の高さに上げて受けの身体を浮かし気味にして受けの右斜め後ろに仰向けに倒す。そのまま両手で受けの右手首と左肩を押さえて極める。

写真28
座り呼吸法

次に、同じく膝行で取りの両手首をつかみにくる受けに対し、今度は左足を膝行で半歩右前方に出しながら座り呼吸法で受けを受けの左斜め後ろに倒し、両手で左手首と右肩を極める。座り呼吸法は左右交互に合計四本程度をこなし、受けと取りの役割を交代する。

背面伸ばし

座り呼吸法の稽古終盤において師範が

「背伸ばし」

と発声するタイミングで、その場で立ち上がり座り呼吸法のときと同じ相手と交代で「背面伸ばし」をする。まず、取りが両手で受けの両手首を前からつかんだ後、左手と首を右手の下に潜らせるようにして受けと背中合わせになる。受けの両手は取りにつかまれたままで万歳をするように軽く上げておく。

次に、取りは膝を曲げて腰の位置を少し下げて受けの腰の下にあてがうと同時に、腰から上の上体を両手を上げたままで前に降り曲げることで受けの身体を自分の背中の上に乗せてしまう。受けは取りの背中の上で完全に脱力して背中を伸ばす。このとき、取りは膝の屈伸で背中に乗せた受けの身体を上下に数回揺さぶるとよい。

写真 29
背面伸ばし

終わったら取りはゆっくりと上体を起こし、背中に乗せていた受けが安全に立てるようにする。その後は、受けと取りの役割を交代して同じ背面延ばしを行う。

二人とも背面延ばしが終わったならば、師範の発声を待たずに門人一同は自発的に待機位置で正座する。

黙想と終了礼

全員が待機位置で正座できた時点で、師範も道場中央で正面を向いて正座する。その後、師範による
「黙想」
の発声で、一同数分間の黙想を行う。黙想終了は師範による
「黙想やめ」
のかけ声によるが、直後に師範が
「正面に礼」
と発声した時点で全員が正面に向かって正座のまま一礼する。師範によっては柏手を打ってから正座する場合があるが、門人は単に一礼するだけでかまわない。
次に、師範が正座したままで向き直り、門人一同と対面したタイミングで
「互いに礼」
と発声するので、一同は師範に向かって

「ありがとうございました」

と声を合わせて一礼する。

稽古に他の道場から客人として参加する人がいたり、あるいは古い先輩が久しぶりに訪ねてきてくれたようなときには、師範は続いて
「先輩に礼」

と指示するので、一同はその客人や先輩に向かって座り直した上で
「ありがとうございました」

と発声しながら一礼する。

これで稽古が終了するが、さらに師範や道場運営者、あるいは門人の代表者からの連絡事項がある場合もあるので、門人一同は待機位置で正面に向かって正座しておく。連絡事項がなかったり、連絡事項の通達が終わった時点で一同は全員で道場の清掃を始め、清掃が終了してから速やかに道場を離れる。入ってきたときと同様に立ち止まって正面に一礼してから退出する。

また、公私の何らかの理由によって稽古途中で退場する場合には、その由を師範に伝えてから挨拶をして道場を離れる。稽古途中の他の門人に対する挨拶はいらないが、道場を出るときに正面に一礼するのを忘れてはならない。

初年次の稽古詳述

初年次を迎えて

既に稽古方針の項で触れておいたが、初年次の稽古においては無駄な筋力を使わず、合気の身体を作り上げることができる動きだけを用いる必要がある。つまり、受けの動きに対して取りが常に最適の間合いを取り、さらにはまったく力まないで滑るように動くことで慣性力を活用するのだ。正しい間合いから慣性力を秘めた力まない動きで合気道の技をかけるというのが、初年次の門人に課せられた課題となる。

生前、植芝盛平翁が門人指導の場面で用いる合気道の技としては、「一教《いっきょう》」、「四方《しほう》投げ」、「入り身投げ」と呼ばれる技が中心だったという。つまり、これらの三つの技は合気道の基本でもあり、また盛平翁の言葉によれば合気道の極意でもある。

そのため、初年次に稽古する技としては一教、四方投げ、入り身投げのみに集中することにより、入門者が合気道の本質をできるだけ早いうちにつかむことができるのではないだろうか。むろん、稽古には初心者だけでなく上級者や中級者も参加するため、二年次あるいは三年次で初めて習う技も登場するが、そのようなときには初年次の門人であっても稽古してかまわない。うまくできそうもない場合には、稽古相手にその由を伝えて受けに専念させてもらうのもよい。

座り正面打ち一教

受けと取りは互いに畳半畳程度空けて相対して正座する。その位置から受けは膝行で前に進みながら、取りに対して右手で正面打ちを仕掛ける。これに対し、取りは受けが打ってくるのに向かって、やはり膝行で素早く前に出ながら右手首下の部分を受けの同じ部位に当て、左掌を受けの右肘に下からあてがう。取りは、両手をそのままにして受けの身体と接することを気にせずに膝行で前に進み続ける。

これにより、受けは取りが膝行で滑らかに進むことで秘めることになる慣性力によって、正面打ちを行った右手を顔面から頭上を経て左肩後方に持っていかれるように崩れる。取りはその時点で初めて受けの右手首を右手で、また受けの右肘を左手で軽くつかみ、その左手を前方に落とし込むように膝行で進む。そうすることで、受けの身体は完全にうつ伏せとなって倒れ込むが、取りは受けの右脇の下に左膝を当て、受けの右手を斜め前方にまっすぐ引き伸ばすように右膝を受けの右手首に当てて起座で座る。このとき、左手は受けの肘を押さえ、右手は受けの手首を押さえて固める。

写真 30
座り正面打ち一教表技（右）

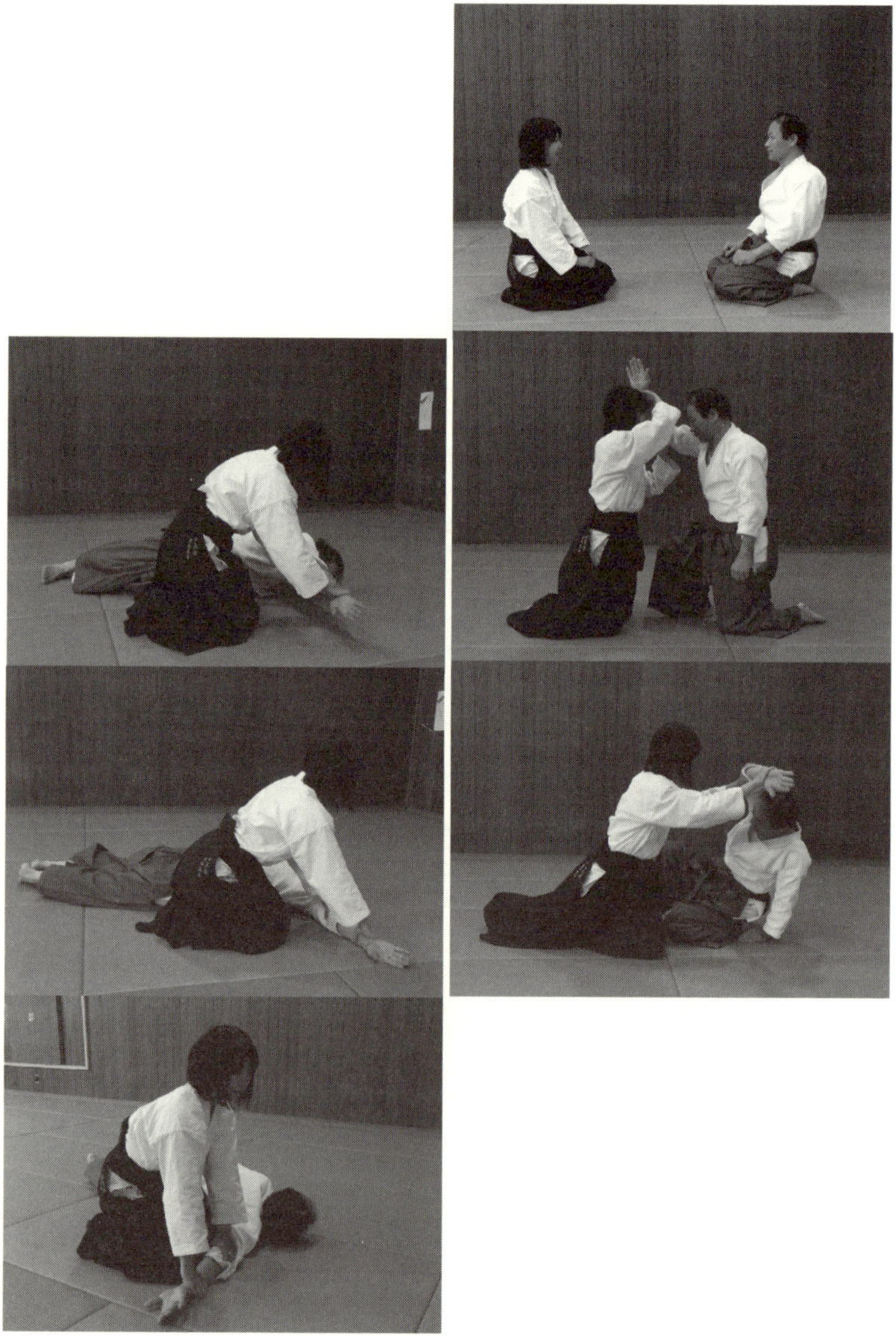

以上の技を「座り正面打ち一教《いっきょう》」の「表技《おもてわざ》」と呼ぶが、古い時代に修業した合気道師範や財団法人合気会以外の合気道流派では「一教」の代わりに「一ケ条《いっかじょう》」と呼ぶ場合がある。

受けの右手は必ず脇が角度にして百度から百二十度程度開くようにしなければ、受けが動いて逃げられてしまうことに注意する。また、受けは固められるときには顔を取りの方向には向けない。もし向けた場合には、取りが顔面に当て身を入れてくる危険性を想定しておく。

写真31
受けの右手は百度以上に開く

合気道の技はすべて左右同じように稽古する。座り正面打ち一教も、受けが右手で正面を打ってきたときだけでなく、左手で正面を打ってくるときの動きも稽古しておく。受けや取りの動きは先ほどの場合と左右を入れ替えるだけであるので、解説は省略して連続写真のみを提示しておく。

写真 32
座り正面打ち
一教表技（左）

また、合気道の技には左右の違いによる二種類だけでなく、表技と裏技《うらわざ》という二種類がある。座り正面打ち一教にも裏技があるが、その動きは以下のようになる。

受けと取りが互いに畳半畳程度空けて相対して正座した位置から、受けは膝行で前に進みながら取りに対して右手で正面打ちを仕掛ける。これに対し、取りは受けが打ってくるのに向かって、やはり膝行で素早く前に出ながら右手首下の部分を受けの同じ部位に当て、左掌を受けの右肘に下からあてがう。

ここまでは表技と同じだが、裏技はここからの動きが異なってくる。取りは、その位置で受けの右手首を右手で、また受けの右肘を左手で軽くつかみ上に上げながら、左膝を中心にして起座のままで時計回りに体の転換を行い、直後に左手でつかんでいる受けの右肘と右手首を下に落とす。それにより、受けの身体は完全にうつ伏せとなって倒れ込み、取りは受けの右脇の下に左膝を当て、受けの右手を斜め前方にまっすぐ引き伸ばすように右膝を受けの右手首に当てて起座で座り、表技と同様に受けの手を固める。

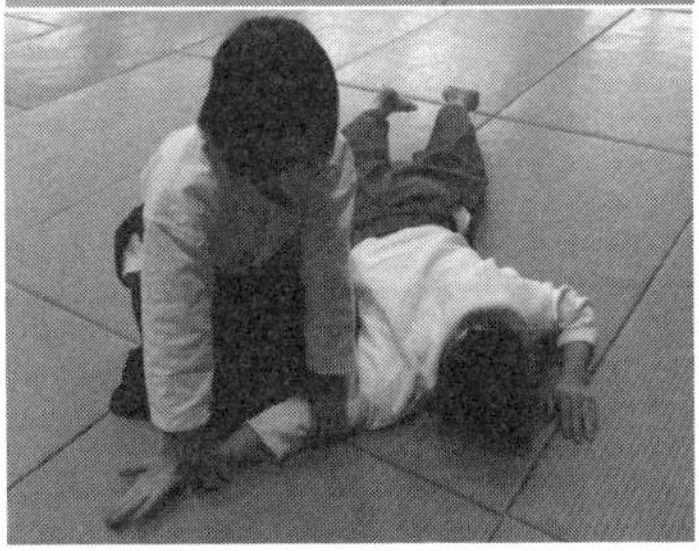

写真33
座り正面打ち
一教裏技(右)

裏技もやはり左右同じように稽古するが、以下では左の場合について解説を省略し、連続写真のみを提示しておく。

写真 34
座り正面打ち一教裏技（左）

正面打ち一教

受けと取りは互いに畳一畳程度空けて右半身で相対して立つ。受けは前に出て、取りに対して右手で正面打ちを仕掛けるのに対し、取りは受けに向かって素早く小股で前に進みながら右手首下の部分を受けの同じ部位に当て、左掌を受けの右肘に下からあてがう。取りは、両手をそのままにして受けの身体とぶつかることを気にせずに小股で前に進み続ける。

このとき、取りは受けの右肘を真上に上げながら滑らかに前方に進んでいくため、受けは取りの身体が秘めた慣性力によって、正面打ちを行った右手を顔面から頭上を経て左肩後方に持っていかれるように崩れる。取りはその時点で初めて受けの右手首を右手で、また受けの右肘を左手で軽くつかみ、その左手を前方に落とし込むようにして両膝を畳につけて起座で座る。

これにより、受けの身体は完全にうつ伏せとなって倒れ込むので、取りは座り技のときと同様に受けの右脇の下に左膝を当て、受けの右手を斜め前方にまっすぐ引き伸ばすように右膝を受けの右手首に当て、左手で受けの肘を押さえ右手で受けの手首を押さえるようにして固める。

写真35
正面打ち一教表技(右)

写真35　つづき

この技は「正面打ち一教」の表技と呼ばれ、合気道の立ち技の中では最も基本的な技となっている。取りが受けの右手を固めるときのやり方は座り正面打ち一教のときと同じであり、やはり受けの右手は必ず脇が角度にして百度から百二十度程度開くようにする。

　正面打ち一教も、受けが右手で正面を打ってきたときだけでなく、左手で正面を打ってく

写真36
正面打ち一教表技（左）

るときの動きも稽古するが、動きは左右が入れ替わるだけであるので、連続写真のみを提示しておく。

座り正面打ち一教と同じく、正面打ち一教にも裏技がある。受けと取りが互いに畳一畳程度空けて右半身で相対した位置から、受けは前に出ながら取りに対して右手で正面打ちを仕掛ける。これに対し、取りは受けが打ってくるのに向かって、小股で素早く前に出ながら右手首下の部分を受けの同じ部位に当て、左掌を受けの右肘に下からあてがう。

ここまでは表技と同じだが、裏技においてはここから取りが受けの右手首を右手で、また受けの右肘を左手で軽くつかみ上に上げながら、左足を軸にして時計回りに体の転換を行うと同時に左手でつかんでいる受けの右肘と右手首を下に落としながら両膝を畳につける。これにより、受けの身体は完全にうつ伏せとなって倒れ込み、取りは受けの右脇の下に左膝を当て、受けの右手を斜め前方にまっすぐ引き伸ばすように右膝を受けの右手首に当てて起座で座り、表技と同様に受けの手を固める。

写真 37
正面打ち一教裏技（右）

受けが左手で正面打ちをしてきた場合の裏技については、以下に連続写真のみを提示する。

写真 38
正面打ち一教裏技(左)

座り横面打ち一教

受けと取りは互いに畳半畳程度空けて相対して正座し、受けは膝行で前に進みながら取りに対して右手で横面打ちを仕掛ける。これに対し、取りは右手で受けの左手を牽制しつつ受けが打ってくる右手を左手で払い、自分のお腹の前にまで落とす。次に、取りは受けを牽制していた右手で受けの右手首を軽くつかみ、左手を受けの右肘に下からあてがった上で、膝行で滑らかに前に進む。

これより先は座り正面打ち一教の表技の動きと同じで、受けは取りが膝行で進む慣性力によって、右手を顔面から頭上を経て左肩後方に持っていかれるように崩れる。取りが受けの右肘を左手で軽くつかみ、そ

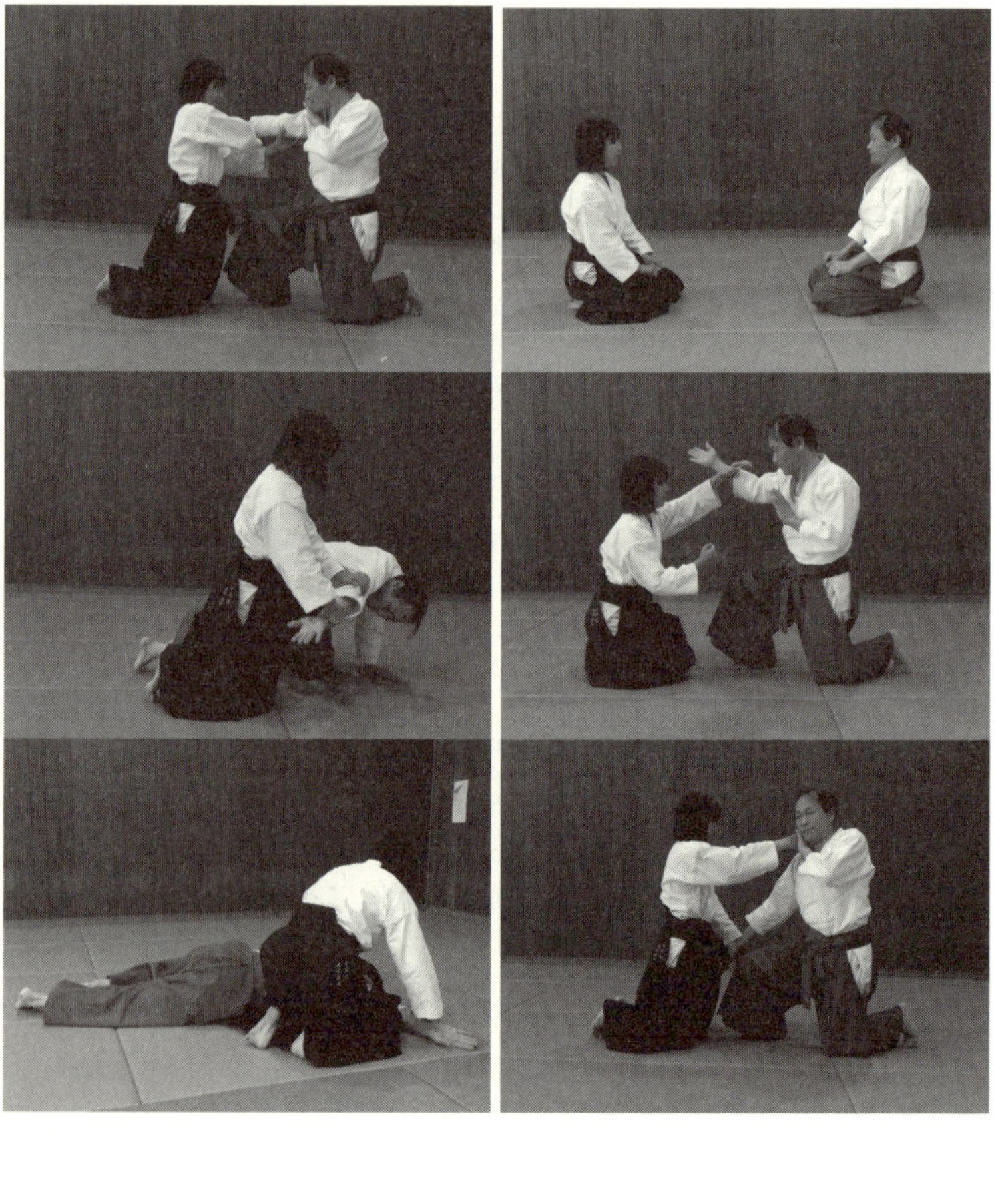

写真 39 座り横面打ち一教表技（右）

の左手を前方に落とし込むように膝行で進むことで、受けの身体はうつ伏せとなって倒れ込む。受けの右手を固める極め方も同じ。

これが「座り横面打ち一教」の表技となる。むろん、これも左右同じように稽古しなくてはならないので、受けが左手で正面を打ってくるときの動きを連続写真のみで提示しておく。

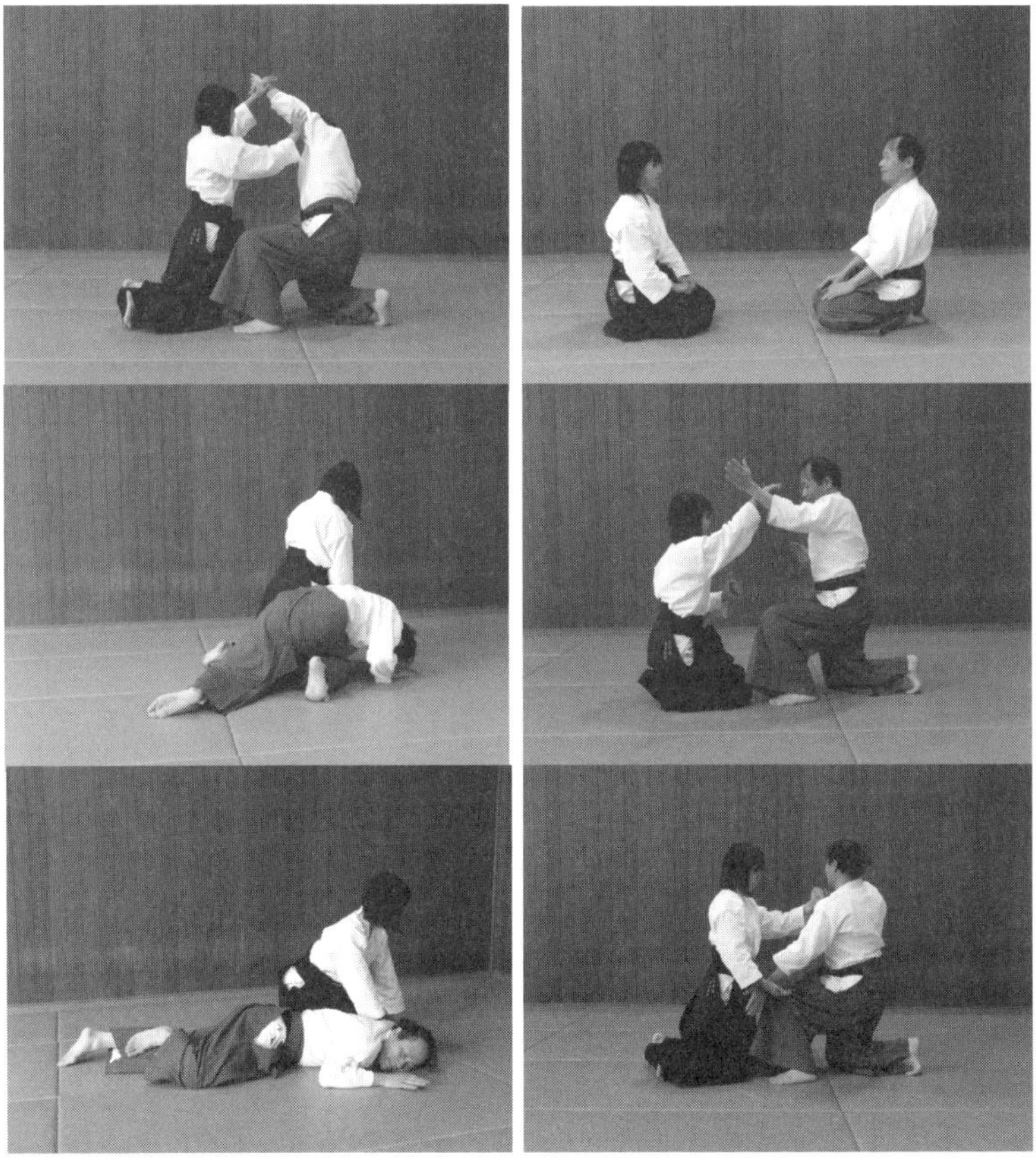

写真40
座り横面打ち一教表技（左）

また、座り横面打ち一教にも裏技があり、その動きは次のようなものとなる。

受けと取りは互いに畳半畳程度空けて相対して正座し、受けは膝行で前に進みながら取りに対して右手で横面打ちを仕掛ける。これに対し、取りは右手で受けを牽制しながら受けが打ってくる右手を左手で払い、自分のお腹の前にまで落とす。次に、取りは受けを牽制していた右手で受けの右手首を軽くつかみ、左手を受けの右肘に下からあてがった上で、膝行で左前方に半歩進んで左膝内側を受けの右膝外側に置く。

これより先は座り正面打ち一教の裏技の動きと同じで、取りはその位置で受けの右手首を右手で、また受けの右肘を左手で軽くつかみ上に上げながら、左膝を中心にして起座のままで時計回りに体の転換を行い、左手でつかんでいる受けの右肘と右手首を下に落として右手を一教のやり方で固める。

写真 41
座り横面打ち一教裏技（右）

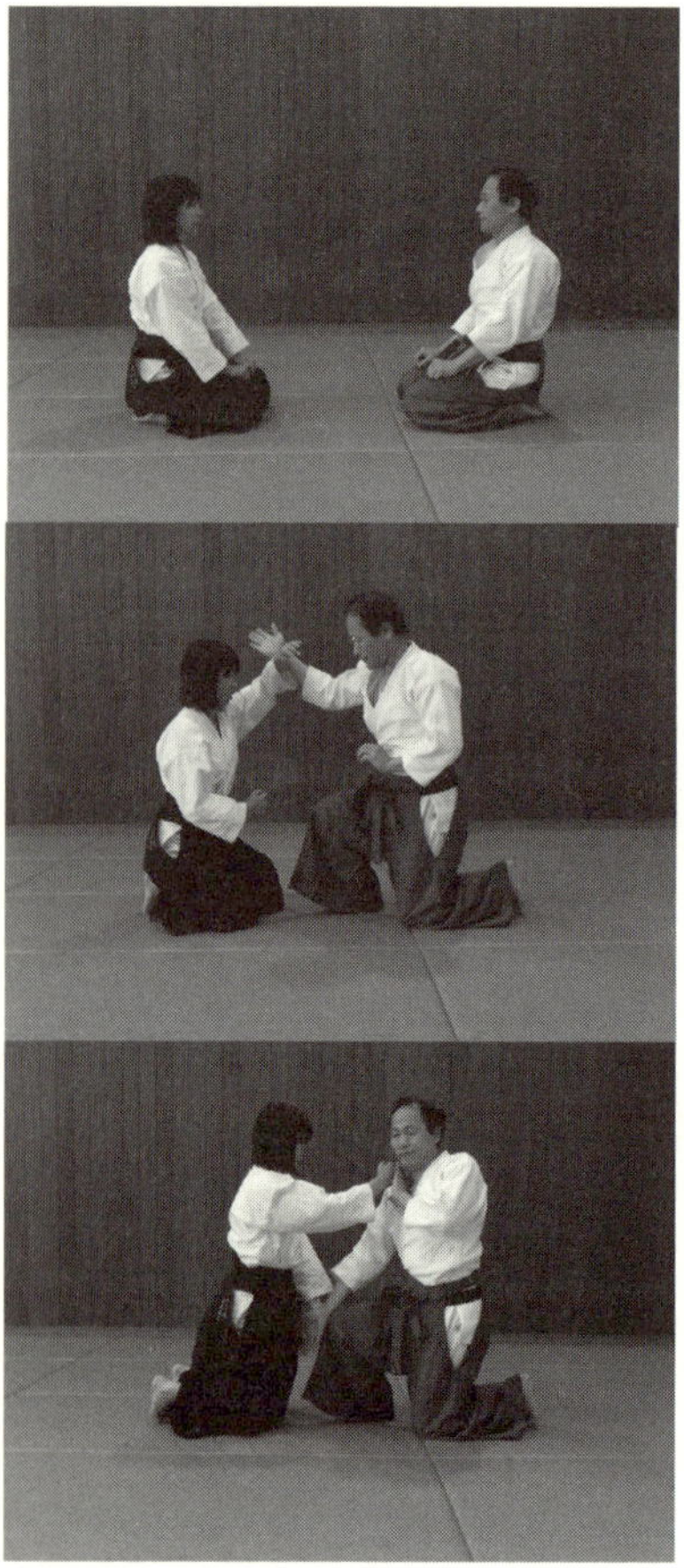

受けが左手で横面を打ってきたときの裏技も、やはり連続写真のみの提示としておく。

写真 42
座り横面打ち一教裏技（左）

写真 42　つづき

横面打ち一教

受けと取りは互いに畳一畳程度空けて左半身で相対して立ち、受けは前に進みながら取りに対して右手で横面打ちを仕掛ける。これに対し、取りは右手で受けの左手を牽制しながら受けが打ってくる右手を左手で払い、自分のお腹の前にまで落とす。次に、取りは受けを牽制していた右手で受けの右手首を軽くつかみ、左手を受けの右肘に下からあてがった上で、小股で滑らかに前に進む。

これより先は正面打ち一教の表技の動きと同じで、受けは取りが滑らかに進む慣性力によって、右手を顔面から頭上を経て左肩後方に持っていかれるように崩れる。取りが受けの右肘を左手で軽くつかみ、その左手を前方に落とし込むように起座で座り込むことで、受けの身体はうつ伏せとなって倒れ込む。その後に受けの右手を固める。

写真43
横面打ち一教表技（右）

これが「横面打ち一教」の表技に他ならない。受けが左手で横面を打ってくるときの技を、連続写真のみで提示しておこう。

写真 44
横面打ち一教表技（左）

写真 45
横面打ち一
教裏技(右)

次に、横面打ち一教の裏技だが、それは以下のようになる。

受けと取りは互いに畳一畳程度空けて左半身で相対して立ち、受けは前に進みながら取りに対して右手で横面を打つ。このとき、取りは右手で受けの左手を牽制しながら受けが打ってくる右手を左手で払ってお腹の前まで落とし、さらには受けを牽制していた右手で受けの右手首を軽くつかむ。その位置から受けの右手首をつかんだまま右手を上げるようにして体の転換を行いながら、取りは受けの右手首を右手で、また受けの右肘を左手で軽くつかみ上に上げた後、左手でつかんでいる受けの右肘と右手首を下に落として右手を一教で固める。

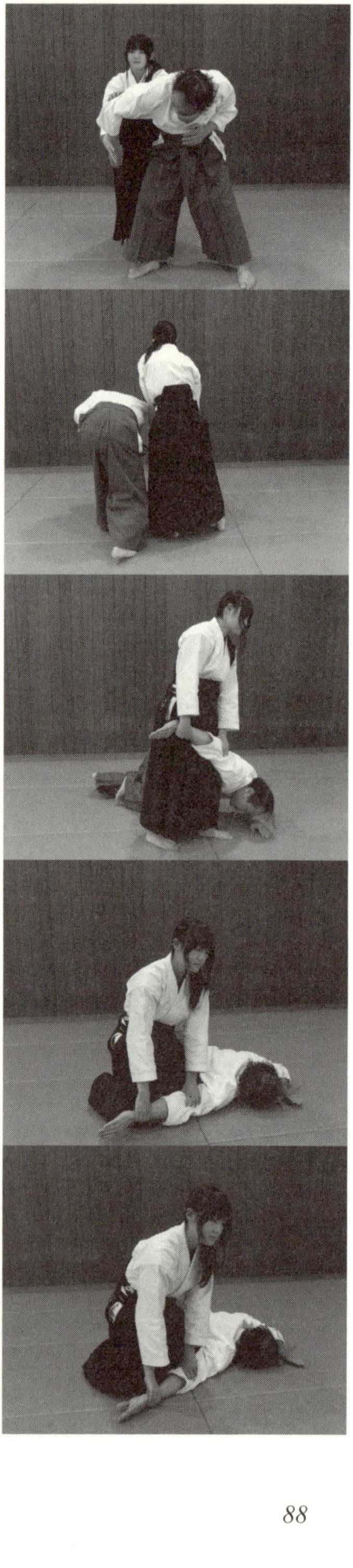

写真45　つづき

受けが左手で横面を打ってきたときの裏技は、連続写真から読み取れるだろう。

写真46
横面打ち一教裏技（左）

座り肩捕り一教

互いに畳半畳程度空けて相対して正座した後、受けは膝行で前に進みながら右手で取りの左肩をつかみに行く。これに対し、取りは右手で受けの顔面に当て身を入れながら（当然ながら受けは左手で取りの当て身を防ぐ）膝行で半歩左後方に下がり、当て身を入れた右手で受けの右肘を内側から折るようにして受けの右手首を軽くつかむ。それと同時に、受けの右肘に左手を下から当てた取りは受けの右手首を右手で軽くつかんだまま、左手で受けの右肘を上に上げるようにして膝行で滑らかに右前に進む。

これより先は座り横面打ち一教の表技の動きと同じで、受けは取りが膝行で進む慣性力によって、右手を顔面から頭上を経て左肩後方に持っていかれるように崩れるので、その右手を前方に落とし込んでから一教で固めるのも同じ。

写真 47
座り肩捕り一教表技（右）

これが「座り肩捕り一教」の表技に他ならない。また、受けが左手で右肩をつかみにくるのに対する技の動きを連続写真のみで提示しておく。

写真48
座り肩捕り一教表技（左）

次に、座り肩捕り一教の裏技の動きを示す。受けと取りが互いに畳半畳程度空けて相対して正座し、受けは膝行で前に進みながら右手で取りの左肩をつかむ。これに対し、取りは右手で受けの顔面に当て身を入れ、その直後に同じ右手で受けの右肘を内側から折るようにして受けの右手首をつかむ。次に、取りは左手を受けの右肘に下からあてがった上で、膝行で左前方に半歩進んで左膝内側を受けの右膝外側に置く。

これより先は座り横面打ち一教の裏技の動きと同じで、取りはその位置で受けの右手首を右手で、また受けの右肘を左手で軽くつかみ上に上げながら、左膝を中心にして起座のままで時計回りに体の転換を行う。そして、左手でつかんでいる受けの右肘と右手首を下に落とし、右手を一教で固める。

写真 48　つづき

写真 49
座り肩捕り一教裏技（右）

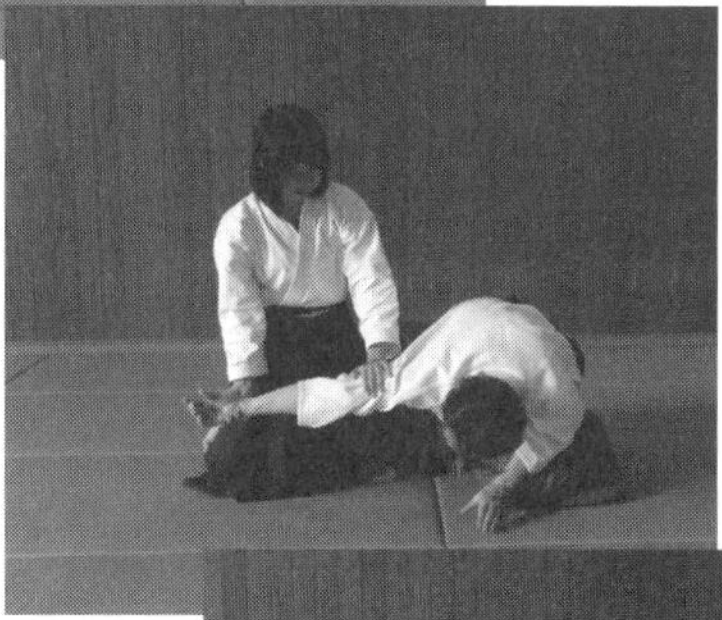

受けが左手で右肩をつかんできたときの裏技は、連続写真のみを提示しておく。

写真 50
座り肩捕り一教裏技（左）

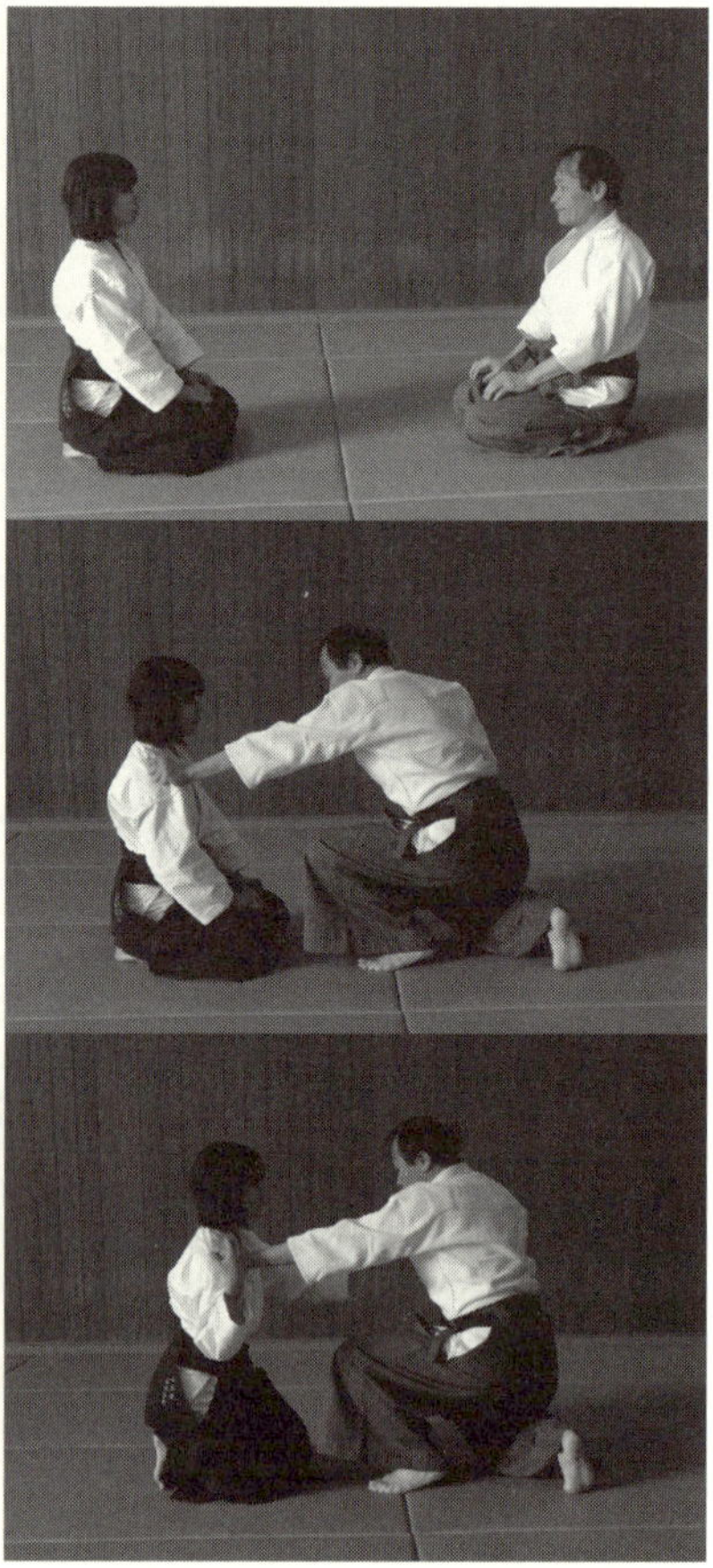

肩捕り一教

互いに畳一畳程度空け、取りも受けも左半身で相対して立った位置から、受けは前に進みながら右手で取りの左肩をつかみに行く。このとき、取りは座り技のときのように右手で受けの顔面に当て身を入れ、受けが左手で取りの当て身を防ぐことに専念する隙に素早く半歩左後方に下がり、当て身を入れた右手で受けの右肘を内側から折るようにして受けの右手首を軽くつかむ。同時に、取りは受けの右肘に下から当てた左手で受けの右肘を上に上げるようにしながら小股で滑らかに右前に進む。

これにより、受けは取りが進む慣性力によって、右手を顔面から頭上を経て左肩後方に持っていかれるように崩れるので、取りはその受けの右手を前方に落とし込むように両膝を畳につけた後に右手を一教で固める。

写真 51
肩捕り一教
表技（右）

写真51　つづき

これが「肩捕り一教」の表技だが、受けが左手で取りの右肩をつかみにくるのに対する技も稽古する。その動きを連続写真のみで示しておく。

写真52
肩捕り一教
表技（左）

次に、肩捕り一教の裏技だが、受けは左半身、取りも左半身で互いに畳一畳程度空けて相対して立つ。受けが前に進みながら右手で取りの左肩をつかむのに対し、取りは右手で受けの顔面に当て身を入れ、その直後に同じ右手で受けの右肘を内側から折るようにして受けの右手首をつかむ。このとき、取りは左手を受けの右肘に下から当てるようにしながら、左足を左前方に半歩進める。

この先は横面打ち一教の裏技の動きと同じで、取りはその位置で受けの右手首を右手で、また受けの右肘を左手で軽くつかみ上に上げながら、左足を軸にして時計回りに体の転換を行う。同時に、左手でつかんでいる受けの右肘と右手首を下に落としながら両膝を畳につけるように起座で座り、右手を一教で固める。

写真 53
肩捕り一教裏技（右）

受けが左手で右肩をつかんできたときの裏技は、やはり連続写真のみで提示する。

写真54 肩捕り一教裏技（左）

座り胸捕り一教

互いに畳半畳程度空けて相対して正座した後、受けは膝行で前に進みながら右手で取りの胸の前で稽古着の左襟《えり》をつかむ。このとき、取りは座り横面打ち一教の表技の動きと同じく、右手で受けの顔面に当て身を入れ（受けは左手で取りの当て身を防ぐ）膝行で半歩左後方に下がり、当て身を入れた右手で受けの右肘を内側から折るようにして受けの右手首を軽くつかむ。それと同時に、受けの右肘に左手を下から当てた取りは受けの右手首を右手で軽くつかんだまま、左手で受けの右肘を上に上げるようにして膝行で滑らかに右前に進む。

これにより、受けは取りが膝行で進む慣性力によって、右手を顔面から頭上を経て左肩後方に持っていかれるように崩れるので、その右手を前方に落とし込んでから一教で固める。

写真 55
座り胸捕り一教表技（右）

これが「座り胸捕《むなど》り一教」の表技だが、受けが左手で右襟をつかみにくるときの技を、やはり連続写真のみで示しておく。

写真56
座り胸捕り一教表技（左）

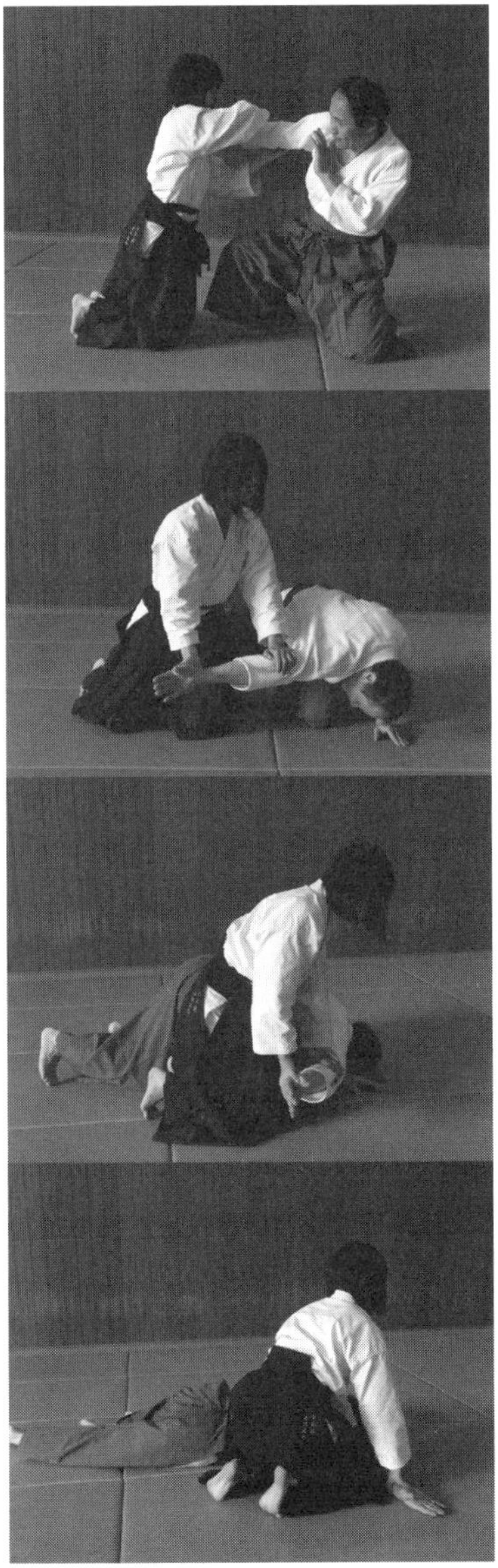

写真56　つづき

次に、座り胸捕り一教の裏技だが、座り肩捕り一教の裏技と似ている。受けと取りが互いに畳半畳程度空けて相対して正座し、受けは膝行で前に進みながら右手で取りの胸の前で左襟をつかむ。これに対し、取りは右手で受けの顔面に当て身を入れ、その直後に同じ右手で受けの右肘を内側から折るようにして受けの右手首をつかむ。

こうして、取りは左手を受けの右肘に下からあてがった上で、膝行で左前方に半歩進んで左膝内側を受けの右膝外側に置き、受けの右手首を右手で、また受けの右肘を左手で軽くつかみ上に上げながら、左膝を中心にして起座のままで時計回りに体の転換を行う。このとき、左手でつかんでいる受けの右肘と右手首を下に落とし、右手を一教で固める。

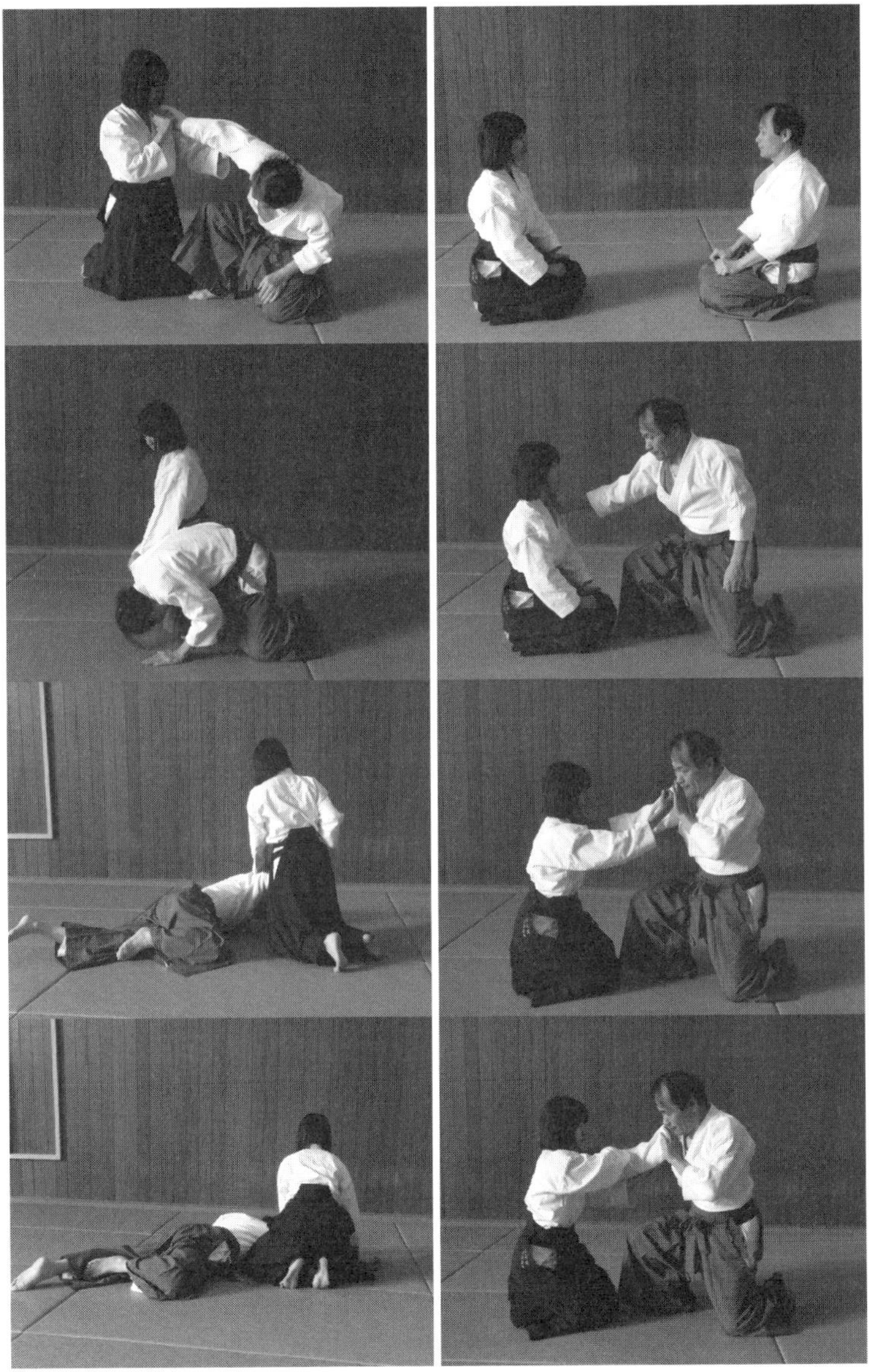

写真57
座り胸捕り一教裏技（右）

受けが左手で取りの胸の前の右襟をつかんできたときの裏技は、連続写真から見取れるようにする。

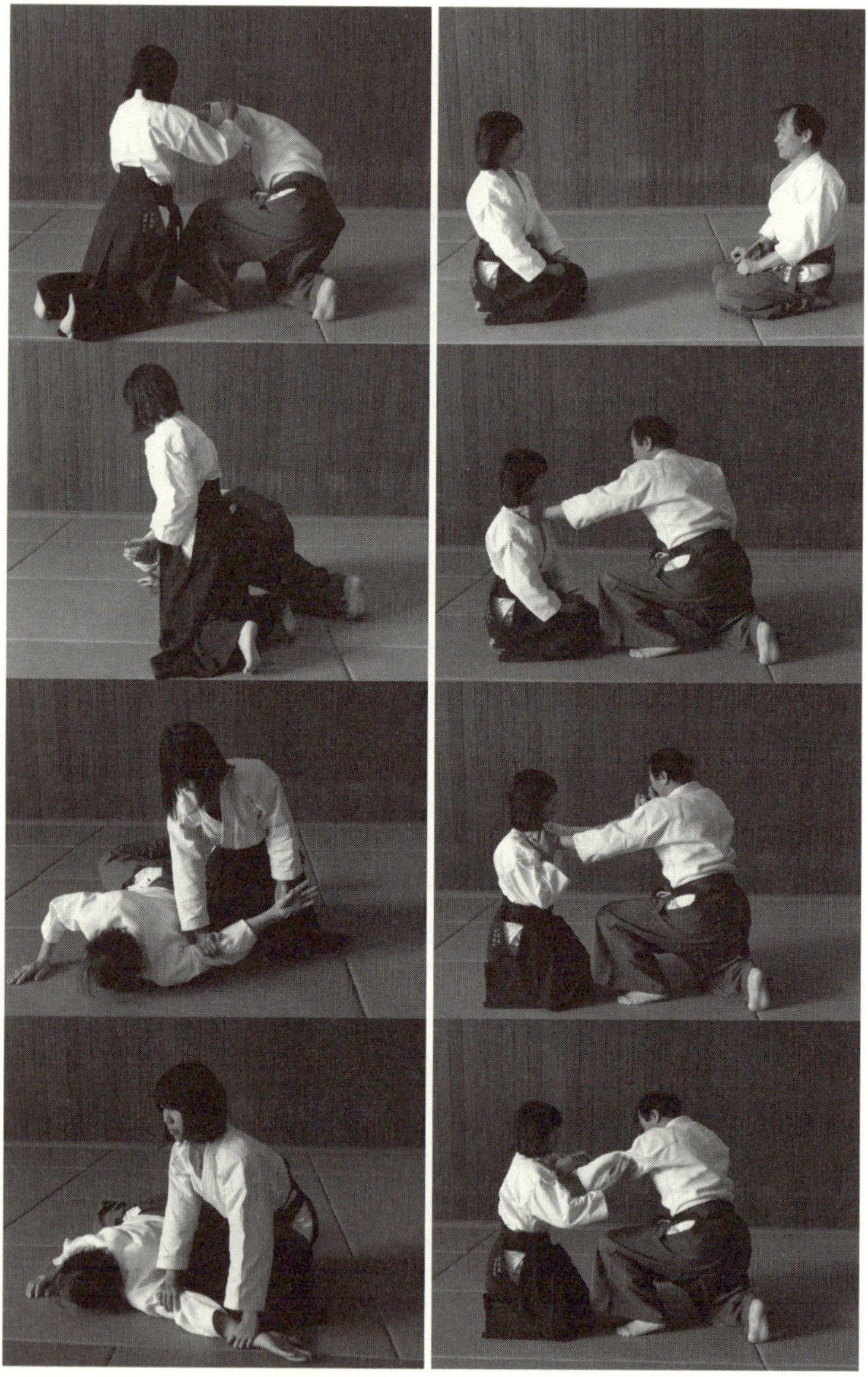

写真 58
座り胸捕り一教裏技（左）

胸捕り一教

互いに畳一畳程度空け、取りは左半身、受けも左半身で相対して立った位置から、受けは前に進みながら右手で取りの胸の前の左襟をつかみに行く。このとき、取りは座り技と同様に右手で受けの顔面に当て身を入れ、受けが左手で取りの当て身を防ぐことに専念する隙に素早く半歩左後方に下がり、当て身を入れた右手で受けの右肘を内側から折るようにして受けの右手首を軽くつかむ。

次に、取りは受けの右肘に下から当てた左手で受けの右肘を上に上げるようにしながら小股で滑らかに右前に進む。これにより、受けは取りが進む慣性力によって、右手を顔面から頭上を経て左肩後方に持っていかれるように崩れる。それに合わせて、取りは受けの右手を前方に落とし込むように、両膝を畳につけた後に右手を一教で固める。

写真59
胸捕り一教表
技（右）

写真59　つづき

これが「胸捕り一教」の表技となるが、受けが左手で取りの胸の前で右襟をつかみにくるときの表技での取りの動きを連続写真のみで示しておくので、そこから技を見取っていただきたい。

写真60
胸捕り一教表技
（左）

また、胸捕り一教の裏技においても受けは左半身、取りは左半身で互いに畳一畳程度空けて相対して立つ。受けが前に進みながら右手で取りの胸の前で左襟をつかむとき、取りは右手で受けの顔面に当身を入れ、その直後に同じ右手で受けの右肘を内側から折るようにして受けの右手首をつかむ。このとき、取りは左手を受けの右肘に下から当てるようにしながら、左足を左前方に半歩進める。

取りはその位置で受けの右手首を右手で、また受けの右肘を左手で軽くつかみ上に上げながら、左足を軸にして時計回りに体の転換を行う。それと同時に、左手でつかんでいる受けの右肘と右手首を下に落としながら両膝を畳につけるように起座で座り、右手を一教で固める。

写真61
胸捕り一教裏技（右）

受けが左手で右肩をつかんできたときの裏技は次の連続写真から見取ることができよう。

写真 62
胸捕り一教
裏技（左）

座り片手捕り一教

互いに畳半畳程度空けて相対して正座した後、受けは膝行で前に進みながら右手で取りの左手首をつかみに行く。これに対し、取りは右手で受けの顔面に当て身を入れながら（受けは左手で取りの当て身を防ぐ）膝行で半歩左後方に下がるが、このとき左手を左足に触れるまで引いておく。また、同時に当て身を入れた右手を受けの右手首の下に当て、受けの右手で左手首をつかまれたまま取りは左手と右手で受けの右手を上に上げるようにして膝行で滑らかに右前に進む。

これにより、受けは取りが膝行で進む慣性力によって、右手を顔面から頭上を経て左肩後方に持っていかれるように崩れるが、その途中で取りの左手首をつかんでいた右手を離さざるを得なくなる。取りは自由になった左手を受けの右肘に当て、受けの右手を前方に落とし込んでから一教で固める。

写真63
座り肩捕り一教表技（右）

これが「座り片手捕り一教」の表技であり、受けが左手で右手首をつかみにくる場合の動きを連続写真で提示しておく。

写真64
座り片手捕り一教表技（左）

写真64　つづき

次に、座り片手捕り一教の裏技だが、受けと取りが互いに畳半畳程度空けて相対して正座し、受けは膝行で前に進みながら右手で取りの左手首をつかむ。これに対し、取りは右手で受けの顔面に当て身を入れ、その直後にその右手を受けの右手首に下から当てながら膝行で左前方に半歩進んで左膝内側を受けの右膝外側に置く。

この位置から、取りは右手と左手を上に上げながら、左膝を中心にして起座のままで時計回りに体の転換を行う。このとき、受けはつかんでいた取りの左手首を離さざるを得なくなるので、自由になった左手を受けの右肘に当てて右手首を下に落とし、右手を一教で固める。

写真65
座り片手捕り一教
裏技（右）

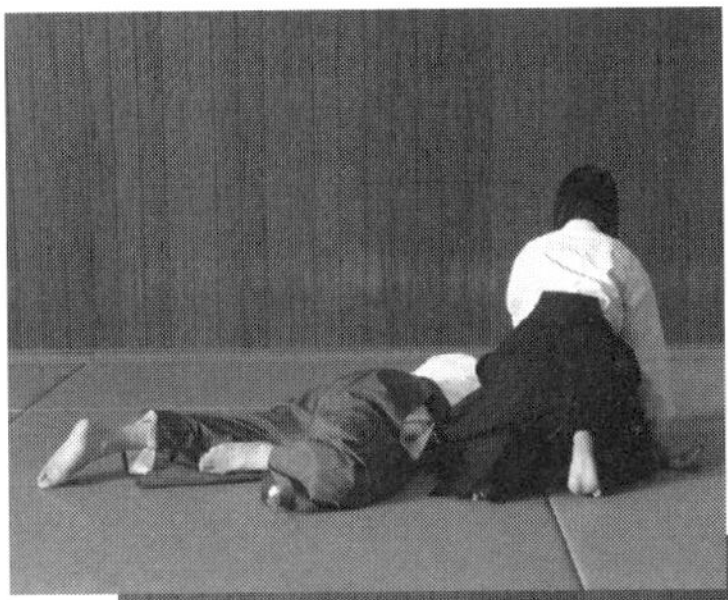

受けが左手で右手首をつかんできたときの裏技は、連続写真のみで示しておく。

写真66
座り片手捕り
一教裏技（左）

片手捕り一教

互いに畳一畳程度空け、取りは左半身、受けも左半身で相対して立った位置から、受けは前に進みながら右手で取りの左手首をつかみに行く。これに対し、取りは右手で受けの顔面に当て身を入れ、受けが左手で取りの当て身を防ぐ隙に左手を腰の位置まで引きながら素早く半歩左後方に下がり、当て身を入れた右手を受けの右手首の下に当てる。次に、取りは右手と左手で受けの右手を上に上げながら小股で滑らかに右前に進む。

これにより、受けは取りの左手首をつかんでいた右手を離さざるを得なくなるので、取りは自由になった左手で受けの右肘を上げる。こうして、受けは取りが進む慣性力によって、右手を顔面から頭上を経て左肩後方に持っていかれるように崩れるので、取りはその受けの右手を前方に落とし込むように両膝を畳につけた後に右手を一教で固める。

写真 67
片手捕り一教表技（右）

写真67　つづき

これが「片手捕り一教」の表技となるが、受けが左手で取りの右手首をつかみにくる表技を連続写真で示しておく。

写真68
片手捕り一教表技（左）

片手捕り一教の裏技では、受けは左半身、取りも左半身で互いに畳一畳程度空けて相対して立つ。受けが前に進みながら右手で取りの左手首をつかむのに対し、取りは右手で受けの顔面に当て身を入れ、その直後に同じ右手を受けの右手首に下から当てるようにしながら、左足を左前方に半歩進める。

次に、取りはその位置で受けの右手首を右手と左手で上に上げながら、左足を軸にして時計回りに体の転換を行う。これにより、受けは取りの左手首をつかんでいた右手を離さざるを得なくなるので、取りは自由になった左手で受けの右肘を、また右手で受けの左手首を下に落としながら両膝を畳につけるように起座で座り、右手を一教で固める。

写真69
片手捕り一教裏技（右）

写真 70
片手捕り一教裏技(左)

受けが左手で右手首をつかんできたときの裏技については、連続写真で提示する。

片手捕り四方投げ

互いに畳一畳程度空けて左半身で相対して立った位置から、受けは前に進みながら右手で取りの左手首をつかみに行く。これに対し、取りは右手で受けの顔面に当て身を入れ、受けが左手で取りの当て身を防ぐ隙に左手を胸の前まで上げ、当て身を入れた右手で受けの右手首の先をつかむ。取りはその位置から小股で滑らかに右前に進み、その動きが秘めた慣性力を右手と左手に伝えて受けの右手を顔面で額の高さまで上げる。

取りの左手の手首をつかんできた受けの右手首を右手でつかむとき、取りは親指と人差し指を受けの右手首関節のくぼみに回すようにして受けの右手甲を上からつかむのが効果的となる。

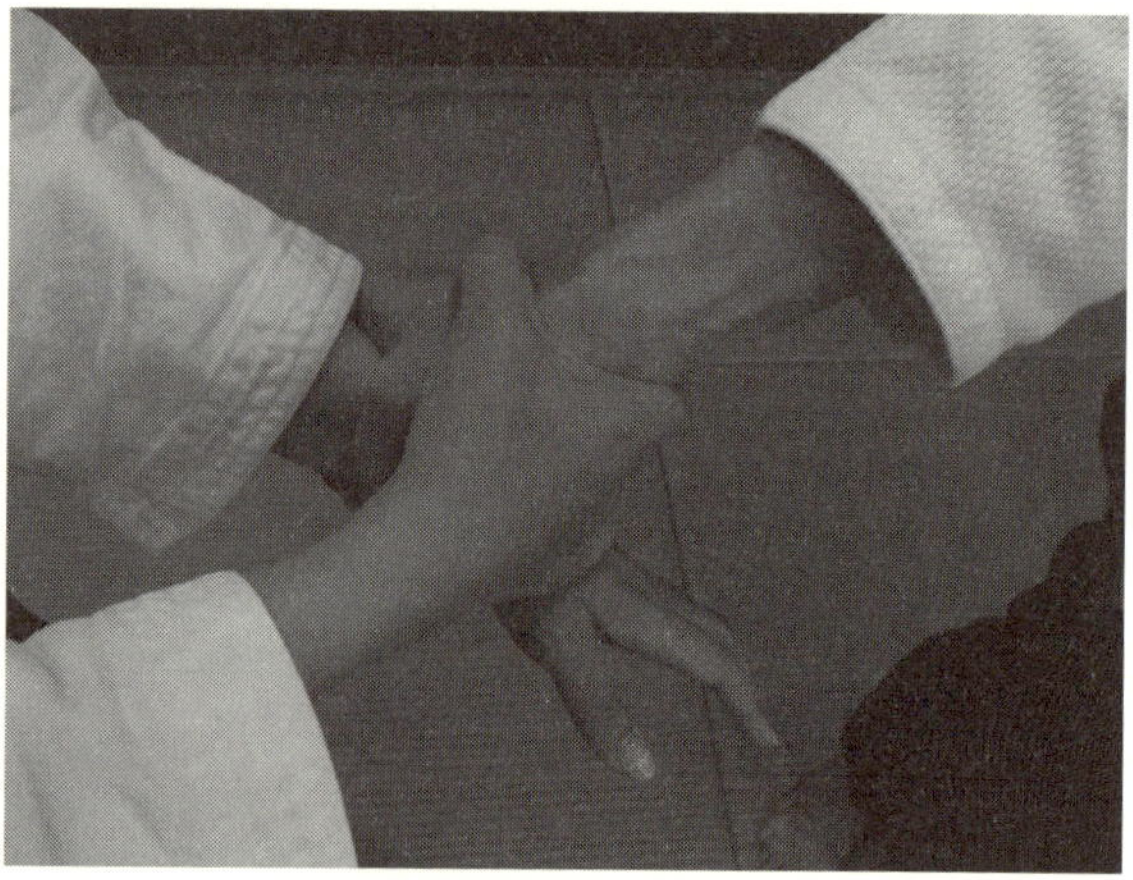
写真 71
片手捕り四方投げでの手首のつかみ方

次に、取りが受けの右手が伸びきった瞬間に素早く時計回りに百八十度回転して向きを反転すると、受けは取りの左手首をつかんだままの右手を肘から折り畳まざるを得ないので、取りは受けの右手首をつかんだまま小股で前方に進みつつ両手を額の前から前方斜め下方に落とす。こうして、受けは取りが進む慣性力によって、右手を右肩後方に持っていかれるように崩れるので、取りは受けの右手をさらに前方に落とし込むようにして受けの右手甲を畳につけて固める。

写真 72
片手捕り四方投げ表技（右）

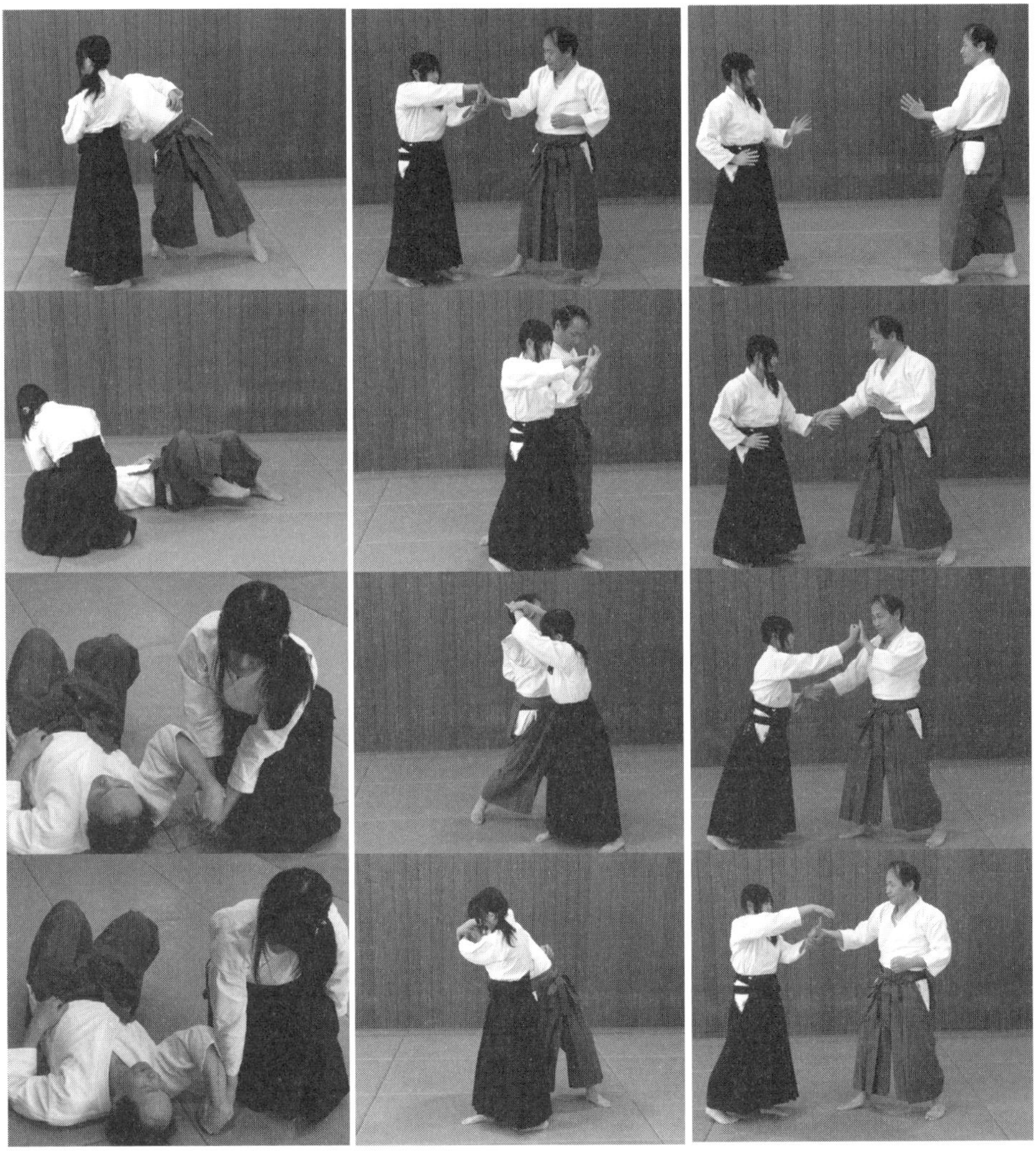

これが「片手捕り四方《しほう》投げ」の表技だが、「四方投げ」と呼ばれる投げ技は受けを真後ろに投げ落とす形となってしまうため、受けが後頭部を畳で痛打しかねない。そのため、四方投げの稽古においては絶対に無理な投げ方はせず、受けの身体を支えながらゆっくりと後ろに身体をそらせていくように努めなければならない。

また、受けが左手で取りの右手首をつかみにくるときの表技も連続写真で示しておく。

写真 73
片手捕り四方投げ表技（左）

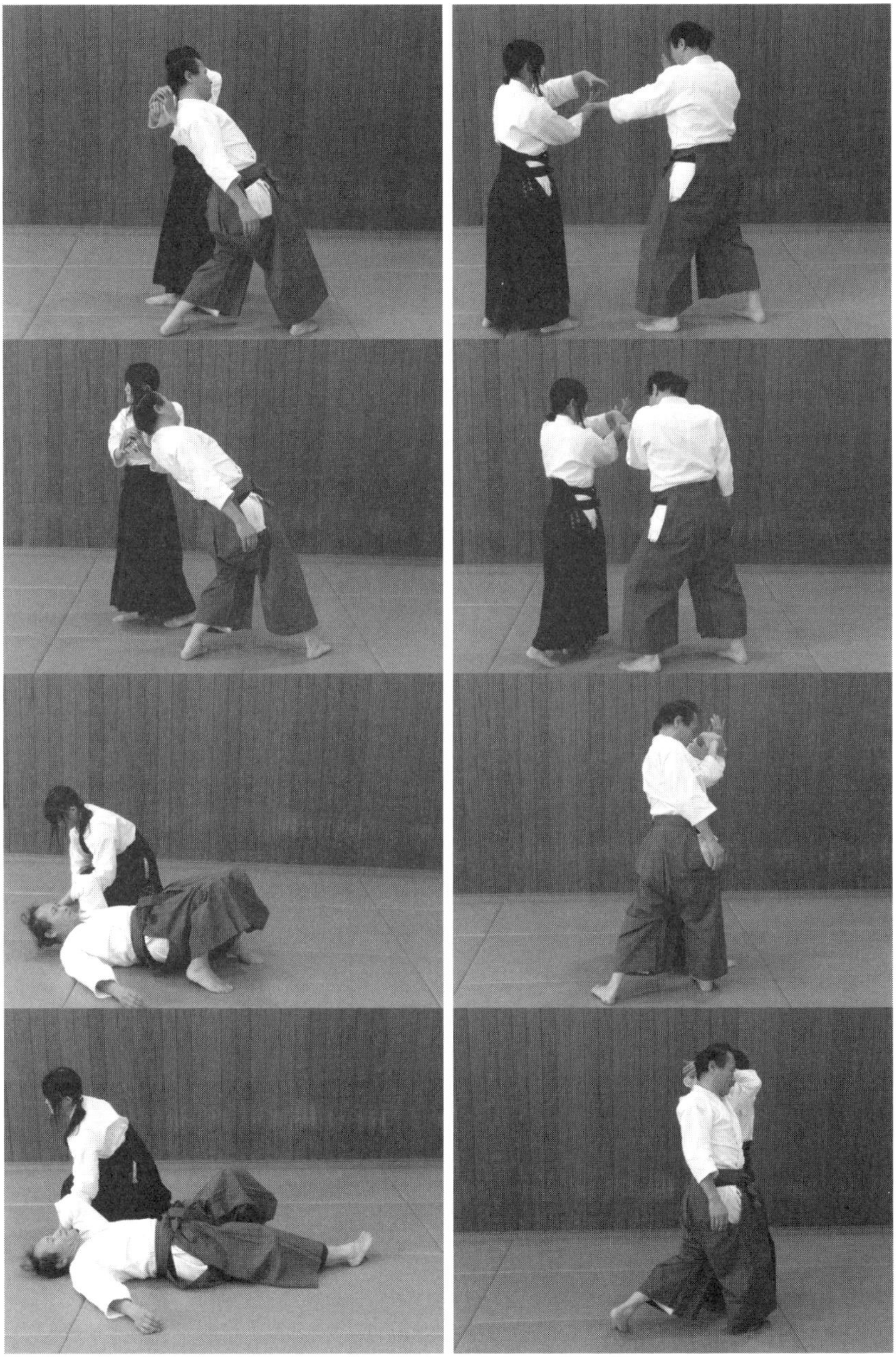

片手捕り四方投げの裏技では、互いに左半身で畳一畳程度空けて相対した位置から受けが前に進み、受けが右手で取りの左手首をつかむのに対し、取りは右手で受けの顔面に当て身を入れ、その直後に同じ右手で受けの右手首をつかみながら、左足を左前方に半歩進める。

次に、取りはその位置で受けの右手首を右手と左手で上に上げながら、左足を軸にして時計回りに体の転換を行う。これにより、受けは取りの左手首をつかんでいた右手の肘を畳まざるを得なくなるので、取りは両手で受けの右手首を前方斜め下に落とし、受けの右手甲を畳につけて固める。

写真74
片手捕り四方
投げ裏技(右)

受けが左手で右手首をつかんできたときの裏技についても、連続写真で提示するのみにしておく。

写真75
片手捕り四方投げ裏技（左）

写真75　つづき

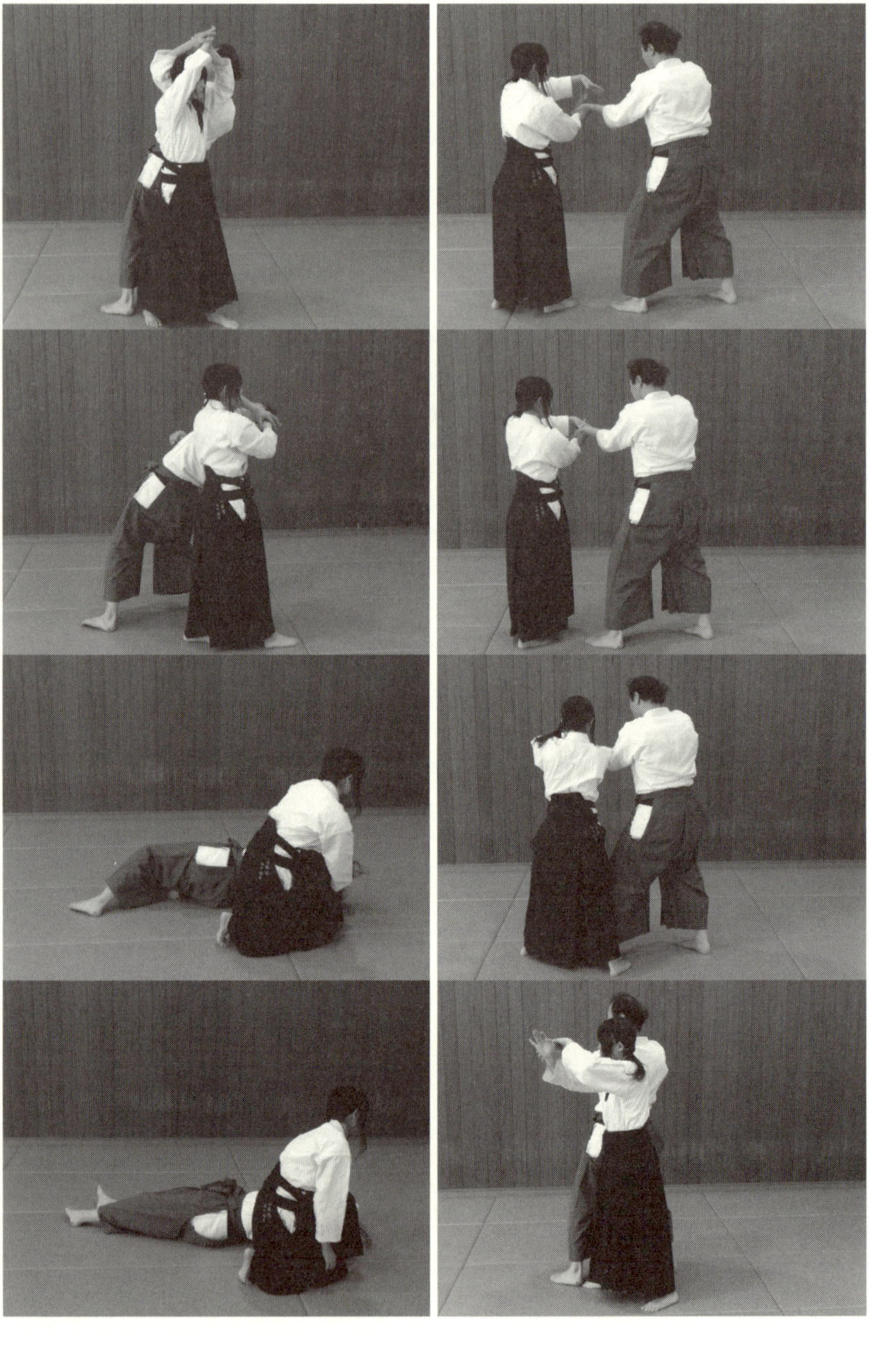

交差捕り四方投げ

互いに畳一畳程度空けて右半身で相対して立った位置から、受けは前に進みながら右手で取りの右手首をつかみに行くが、これを交差捕《こうさど》りと呼ぶ。このとき、取りは逆に右手で受けの右手首の内側からつかむと同時に左手で受けの右手首を外側からつかみながら小股で滑らかに右前に進む。これによって、取りは右前に進むときの慣性力を右手と左手に伝えて受けの右手を顔面で額の高さまで上げる。

その後、取りは受けの右手が伸びきった瞬間に素早く時計回りに百八十度回転して向きを反転し、受けの右手が取りの左手首をつかんだまま肘から折り畳むようにして取りは受けの右手首をつかんだまま小股で前方に進みながら両手を額の前から前方斜め下方に落とす。こうして、取りが進む慣性力によって受けは右手を右肩後方に畳まれるように崩れるのに合わせ、取りは受けの右手をさらに前方に落とし込んで受けの右手甲を畳につけて固める。

写真76
交差捕り四方投げ表技(右)

写真76　つづき

これが「交差捕り四方投げ」の表技に他ならない。受けが左手で取りの左手首をつかみにくるときの表技も、やはり連続写真で示しておく。

写真 77
交差捕り四方投げ表技
（左）

次に、交差捕り四方投げの裏技だが、互いに右半身で畳一畳程度空けて相対した位置から受けが前に進み、受けが右手で取りの右手首をつかむ。これに対し、取りは逆に右手で受けの右手首を内側からつかみ、同時に左手で受けの右手首を外側からつかみながら、左足を左前方に半歩進める。直後、取りはその位置で受けの右手首を右手と左手で上に上げながら、左足を軸にして時計回りに体の転換を行う。これにより、受けは取りの左手首をつかんでいた右手の肘を畳まざるを得なくなり、取りはそのまま両手で受けの右手首を前方斜め下に落とし、受けの右手甲を畳につけて固める。

写真 78
交差捕り四
方投げ裏技
（右）

受けが左手で左手首をつかんできたときの裏技は、先ほどの動きを左右入れ替えて行えばよいが、ここでは連続写真のみで提示しておく。

写真79
交差捕り四方投げ裏技（左）

横面打ち四方投げ

互いに畳一畳程度空けて左半身で相対して立った位置から、受けは前に進みながら右手刀で取りの左横面を打ちに行く。これに対し、取りは左手で受けの右手を払い落とすと同時に右手で受けの顔面に当て身を入れると、受けが左手で取りの当て身を防ぐので、直後に左手で受けの右手首をつかんで腹の前まで下げ、当て身を入れた右手で受けの右手首の先をつかむ。

取りはその位置から小股で滑らかに右前に進み、その動きが秘めた慣性力を右手と左手に伝えて受けの右手を顔面の額の高さまで上げる。そして、取りが受けの右手が伸びきった瞬間に素早く時計回りに百八十度回転して向きを反転すると、受けの右手が肘から折り畳まれる。

取りが受けの右手首をつかんだまま小股で前方に進みつつ両手を額の前から前方斜め下方に落とすならば、受けは取りが進む慣性力によって右手を右肩後方に持っていかれて崩れるので、取りは受けの右手をさらに前方に落とし込んで受けの右手甲を畳につける。

写真 80
横面打ち四方投げ表技（右）

これが「横面打ち四方投げ」の表技となる。受けが左手で取りの右横面を打ちにくるときの表技も連続写真で提示しておく。

写真 81
横面打ち四方投げ表技(左)

横面打ち四方投げの裏技では、互いに左半身で畳一畳程度空けて相対した位置から受けが前に進み、受けが右手刀で取りの左横面を打つのに対し、取りは左手で受けの右手を払い落とし、右手で受けの顔面に当て身を入れた直後に右手と左手で受けの右手首をつかみながら、左足を左前方に半歩進める。
次に、取りはその位置で受けの右手首を右手と左手で上に上げながら、左足を軸にして時計回りに体の転換を行う。これにより受けの右肘が畳まれるので、取りは両手で受けの右手首を前方斜め下に落とし、受けの右手甲を畳につけて固める。

受けが左手で右横面を打ってきたときの裏技についても、連続写真のみで示しておく。

写真 82
横面打ち四方
投げ裏技(右)

写真 83
横面打ち四方投げ裏技（左）

正面打ち四方投げ

互いに畳一畳程度空けて右半身で相対して立った位置から、受けは前に進みながら右手刀で取りの正面を打ちに行く。これに対し、取りは前に進みながら右手で受けの右手を受けると同時に左手を受けの右手の下に当てて受けの正面打ちを止める。

写真84
受けの正面打ちを止めた状態

取りはその位置から左手を反時計回りに大きく振り下げながら受けの右手首を左手でつかみ、腹の前の位置まで下げたときにさらに右手でも受けの右手首の先をつかむ。取りは続いて小股で滑らかに右前に進み、その動きが秘めた慣性力を右手と左手に伝えて受けの右手を顔面で額の高さまで上げ、取りが受けの右手が伸びきった瞬間に素早く時計回りに百八十度回転して向きを反転する。

これによって受けの右手が肘から折り畳まれるた

め、取りは受けの右手首をつかんだまま小股で前方に進みつつ両手を額の前から前方斜め下方に落とす。すると、受けは取りが進む慣性力によって右手を右肩後方に持っていかれて崩れ、取りは受けの右手をさらに前方に落として受けの右手甲が畳につくようにして固める。

写真 85
正面打ち四方投げ表技（右）

これが「正面打ち四方投げ」の表技に他ならない。受けが左手で取りの正面を打ちにくるときの表技は連続写真のみで提示する。

写真86
正面打ち四方投げ表技（左）

　正面打ち四方投げの裏技では、互いに畳一畳程度空けて右半身で相対して立った位置から、受けは前に進みながら右手刀で取りの正面を打ちに行く。これに対し、表技と同様に取りは前に進みながら右手で受けの右手を受けると同時に左手で受けの右手の下に当てて受けの正面打ちを止める。続いて、取りはその位置から左手を反時計回りに大きく振り下げながら受けの右手首を左手でつかみ、腹の前の位置まで下げたときにさらに右手でも受けの右手首の先をつかむ。

　次に、取りはその位置で受けの右手首を右手と左手で上に上げながら、左足を軸にして時計回りに体の転換を行う。これにより受けの右肘が畳まれるので、取りは両手で受けの右手首を前方斜め下に落とし、受けの右手甲を畳につけて固める。

写真 87
正面打ち四方
投げ裏技（右）

写真 87　つづき

受けが左手で正面を打ってきた場合の裏技は、連続写真に示すとおりに先ほどの裏技で左右を入れ替えた動きとなる。

写真 88
正面打ち四方
投げ裏技（左）

両手捕り四方投げ

互いに畳一畳程度空けて左半身で相対して立った位置から、受けは前に進みながら右手で取りの左手首を、左手で取りの右手首をつかみに行く。このとき、取りは右手を上に向け、左手は前に向けるように手首を立てて受けの右手をつかみながら右足を軸にして反時計回りに回り体の転換を行う。

写真 89
両手捕り四方投げ表技（右）の前段階

転換の後、前に向けた左手で受けの右手首をつかみ、さらに右手で受けの右手首の先をつかむと同時に、取りはその位置から小股で滑らかに右前に進み、その動きが秘めた慣性力を右手と左手に伝えて受けの右手を顔面で額の高さまで上げる。このとき、受けの右手が伸びきった瞬間、取りは素早く時計回りに百八十度回転して向きを反転する。

これにより、受けの右手は取りの左手首をつかんだまま、左手も取りの右手をつかんだままどちらも肘から折り畳まれるので、取りは受けの右手首をつかんだまま小股で前方に進みつつ両手を額の前から前方斜め下方に落とす。こうして、受けは取りが進む慣性力によって、右手を右肩後方に持っていかれるように崩れるので、取りは受けの右手をさらに前方に落とし込むようにして受けの右手甲を畳につけて固める。

写真 90
両手捕り四方投げ表技（右）後半

これが「両手捕り四方投げ」の表技だが、四方投げの中でもこの投げ技は受けの両手の自由が利かなくなる形で真後ろに投げ落とすため、受けが片手で畳をたたく受け身を取ることができない。そのため、両手捕り四方投げの稽古においては、受けの身体を確実に支えながらゆっくりと後ろに身体をそらせて安全に背中から畳につくようする。

また、取りが左手を上に向け右手を前に向けるようにして左足を軸に体の転換を行う表技も連続写真で示しておく。

写真91
両手捕り四方投げ表技（左）

両手捕り四方投げの裏技では、互いに畳一畳程度空けて左半身で相対して立った位置から、受けが前に進みながら右手で取りの左手首を、左手で取りの右手首をつかみに行くので、取りは右手を上に向け、左手は前に向けるように手首を立てて受けの右手をつかみながら右足を軸にして反時計回りに回り体の転換を行う。

転換の後、前に向けた左手で受けの右手首をつかみ、さらに右手で受けの右手首の先をつかむと同時に、取りはその位置で今度は左足を軸にして時計回りに体の転換を行い受けの右手首を額の高さまで上げながら素早く反転する。これにより、受けの右手は取りの左手首をつかんだまま、左手も取りの右手をつかんだままどちらも肘から折り畳まれるので、取りは受けの右手首をつかんだまま両手を額の前から下に落とす。こうして、受けは両手を後方に落とし込まれるようにして崩される。

写真 92
両手捕り四方投げ裏技（右）

取りが左手を上に向け右手を前に向けるようにして左足を軸に体の転換を行う裏技も連続写真のみで示しておく。

写真 93
両手捕り四方投げ裏技（左）

諸手捕り四方投げ

互いに畳一畳程度空けて右半身で相対して立った位置から、受けは前に進みながら両手で取りの右手首をつかみに行くが、これを諸手捕《もろてど》りと呼ぶ。このとき、取りは逆に右手で受けの左手首の内側からつかむと同時に左手で受けの左手首を外側からつかみながら小股で滑らかに右前に進む。これによって、受けは右前に進むときの慣性力を右手と左手に伝えて受けの左手を顔面で額の高さまで上げる。

その後、取りは受けの左手が伸びきった瞬間に素早く反時計回りに百八十度回転して向きを反転し、受けの右手と左手が取りの右手首をつかんだまま肘から折り畳まれるようにする。その後取りは受けの左手首をつかんだまま小股で前方に進みながら両手を額の前から前方斜め下方に落とす。こうして、取りが進む慣性力によって受けは両手を後方に畳まれるように崩れるので、取りは受けの左手をさらに前方に落とし込んで受けの左手甲を畳につけて固める。

写真 94
諸手捕り四方投げ表技（右）

これが「諸手捕り四方投げ」の表技だが、受けが両手で取りの左手首をつかみにくるときの表技も、やはり連続写真で示しておく。

写真95
諸手捕り四方投げ表技（左）

写真 95　つづき

次に、諸手捕り四方投げの裏技を解説する。互いに右半身で畳一畳程度空けて相対した位置から受けが前に進み、両手で取りの右手首をつかむ。これに対し、取りは逆に右手で受けの左手首を内側からつかみ、同時に左手で受けの左手首を外側からつかみながら、左足を左前方に半歩進める。直後、取りはその位置で受けの左手首を右手と左手で上に上げながら、右足を軸にして時計回りに体の転換を行う。これにより、受けは取りの右手首をつかんでいた両手の肘を畳まざるを得なくなるので、取りはそのまま両手で受けの左手首を前方斜め下に落とし、受けの右手甲を畳につけて固める。

写真 96
諸手捕り四方投げ裏技（右）

受けが両手で左手首をつかんできたときの裏技は、先ほどの動きを左右入れ替えて行えばよいので、単に連続写真のみで提示しておく。

写真 97
諸手捕り四方投げ裏技（左）

写真97　つづき

正面打ち入り身投げ

互いに畳一畳程度空けて右半身で相対して立った位置から、受けは前に進みながら右手刀で取りの正面を打ちに行く。これに対し、取りは前に進みながら右手で受けの右手を受けると同時に左手を受けの首に後ろから軽く触れるようにして時計回りに入り身転換を行いながら受けの右手を下にさばく。

写真98
受けの正面打ちを
受けながら入り身
転換するまで

これまでの初年次の技では前方向への並進運動に伴う慣性力を活用してきたが、これから見ていく「入り身投げ」においてはコマのような回転運動に伴う慣性力を利用することに注意しておこう。

入り身転換によって取りは時計回りに既に半周回転しているが、その位置で回転を止めてしまったならば回転運動が持つ慣性力が消えてしまう。回転の慣性力を使うためには、取りはそこからさらに同じ時計回りに半回転ないしは一回転しながら左手で受けの首を自分の方に引きつける。同時に右手を受けの顎《あご》に当てて真上に引き上げる。これにより、受けは腰から大きく崩れて倒れてしまう。この投げ技を「正面打ち入り身投げ」と呼ぶ。

写真 99
正面打ち入り身投げ（右）後半

写真 99　つづき

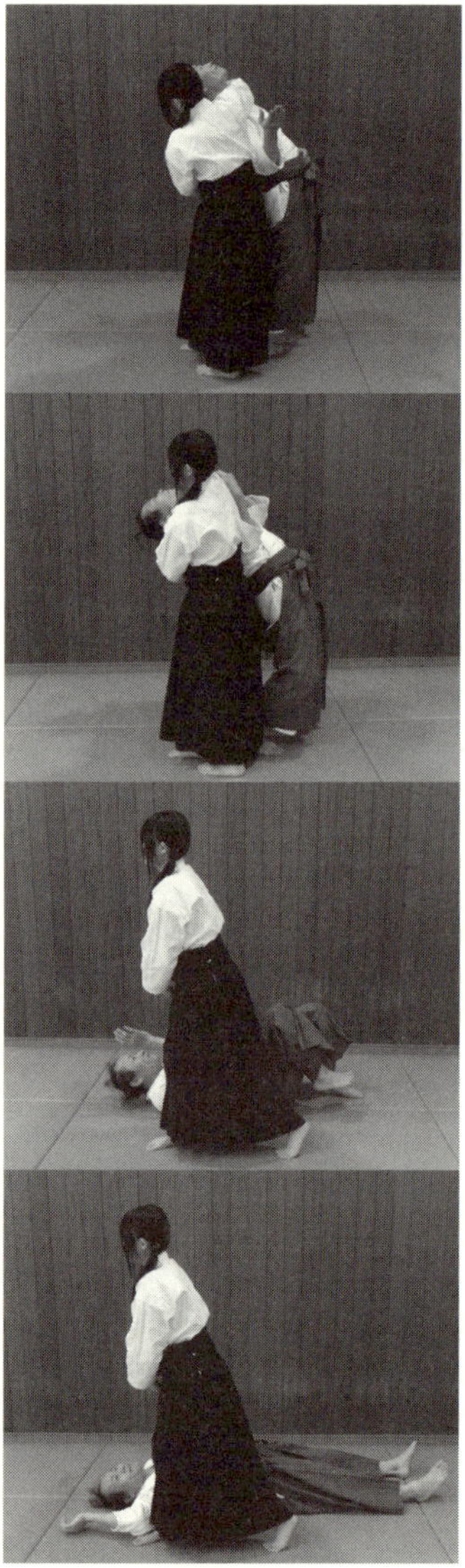

受けが左手で取りの正面を手刀で打ってくる場合には、取りは前に進みながら左手で受けの左手を受けると同時に右手を受けの首に後ろから軽く触れるようにして反時計回りに入り身転換を行いながら受けの左手を下にさばく。取りはそこからさらに同じ反時計回りに半回転ないしは一回転しながら右手で受けの首を自分の方に引きつけると同時に左手を受けの顎に当てて真上に引き上げれば、受けは腰から大きく崩れて倒れてしまう。

写真 100
正面打ち入り身投げ（左）

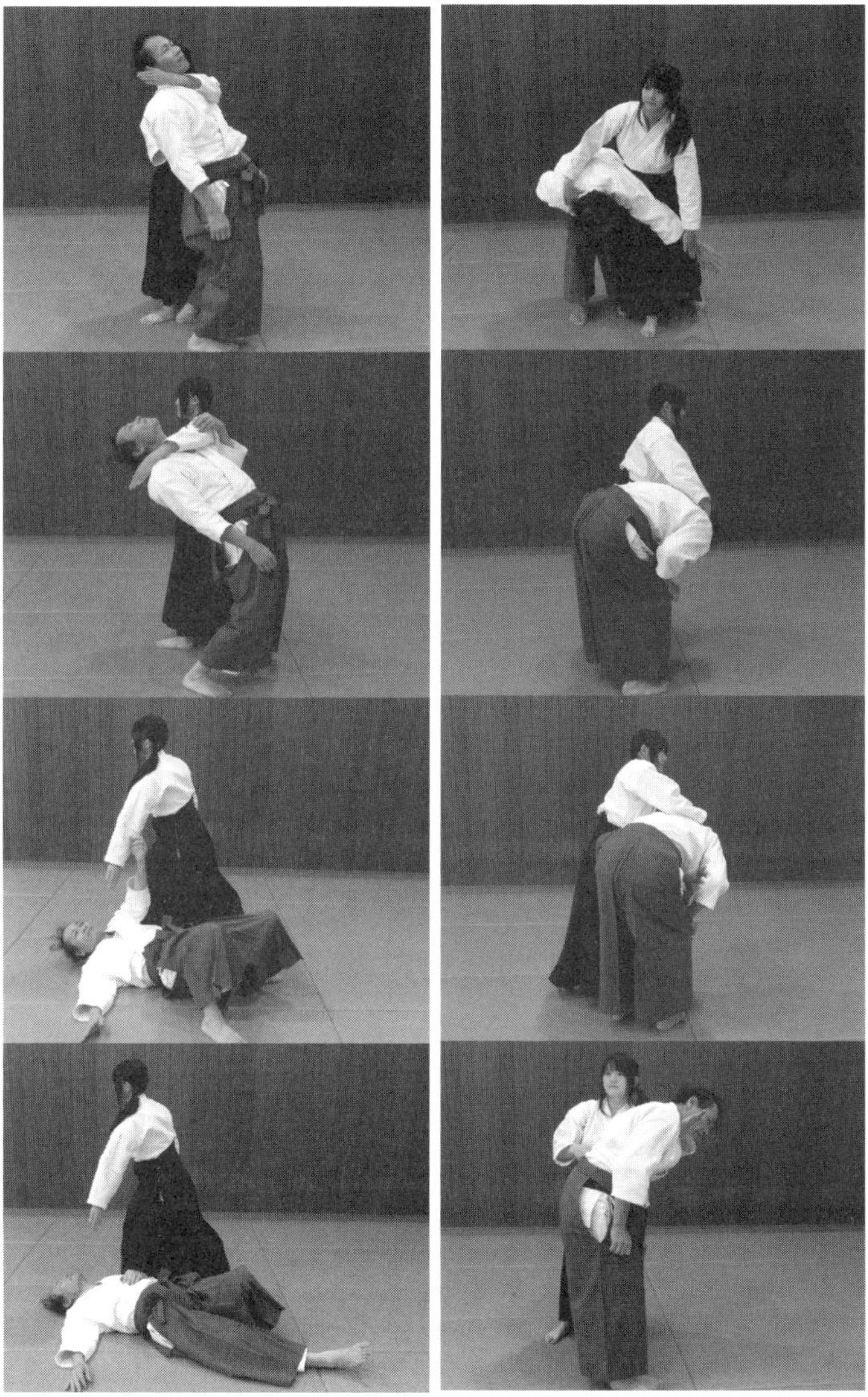

横面打ち入り身投げ

互いに左半身で畳一畳程度空けて相対した位置から受けが前に進み、右手刀で取りの左横面を打つのに対し、取りは左手で受けの右手を払い落とし、右手で受けの顔面に当て身を入れた直後に右手を受けの右手首に下から当てる。その右手を大きく円弧を描くように上げることで受けの右手を返しながら入り身転換で時計回りに半回転する。このとき、取りの左手は受けの首に後ろから触れるようにし、上に上げた位置において右手で受けの右手を下に払う。

次に、回転の慣性力を使うために、取りはそこからさらに同じ時計回りに半回転ないしは一回転しながら左手で受けの首を自分の方に引きつける。同時に右手を受けの顎に当てて真上に引き上げる。これにより、受けは腰から大きく崩れて倒れてしまう。これが「横面打ち入り身投げ」に他ならない。

写真 101
横面打ち入り身投げ(右)

写真 102
横面打ち入り身投げ（左）

また、受けが左手で横面を打ってくる場合、取りは右手で受けの左手を払い落とし、左手で受けの顔面に当て身を入れた直後に左手を受けの左手首に下から当てる。次にその左手を大きく円弧を描くように上げることで受けの左手を返しながら入り身転換で反時計回りに半回転する。このとき、取りの右手は受けの首に後ろから触れるようにし、上に上げた位置で受けの左手首から離した左手で受けの左手を下に払う。

取りはそこからさらに同じ反時計回りに半回転ないしは一回転しながら右手で受けの首を自分の方に引きつけ、同時に左手を受けの顎に当てて真上に引き上げるならば、受けは腰から大きく崩れて倒れる。

上段突き入り身投げ

互いに畳一畳程度空けて右半身で相対して立った位置から、受けは前に進みながら右手拳で取りの顔面を突きに行く（これを「上段《じょうだん》突き」という）。これに対し、取りは前に進みながら右手で受けの右手拳をさばくと同時に左手を受けの首に後ろから軽く触れるようにして時計回りに入り身転換を行いながら受けの右手を下に落とす。

写真 103
受けの上段突きをさばきながら入り身転換するまで

入り身転換によって取りは時計回りに既に半周回転しているが、回転の慣性力を使うために取りはそこからさらに同じ時計回りに半回転ないしは一回転しながら左手で受けの首を自分の方に引きつける。

同時に右手を受けの顎に当てて真上に引き上げれば、受けは腰から大きく崩れて倒れてしまう。この投げ技が「上段突き入り身投げ」となる。

写真 104
上段突き入り身投げ（右）後半

受けが左手で取りの顔面を拳で突いてくる場合には、取りは前に進みながら左手で受けの左手拳をさばくと同時に、右手を受けの首に後ろから軽く触れるようにして反時計回りに入り身転換を行いながら受けの左手を下に落とす。取りがそこからさらに同じ反時計回りに半回転ないしは一回転しながら右手で受けの首を自分の方に引きつけると同時に左手を受けの顎に当てて真上に引き上げれば、受けは腰から崩れて倒れる。

写真105　上段突き入り身投げ（左）

中段突き入り身投げ

互いに畳一畳程度空けて右半身で相対して立った位置から、受けは前に進みながら右手拳で取りの鳩尾《みぞおち》を突きに行く（これを「中段突き」という）。これに対し、取りは後ろに引きながら右手で受けの右手首をつかむと同時に時計回りに入り身転換を行いながら左手を受けの首に後ろから軽く触れ、また受けの右手を下に落とす。

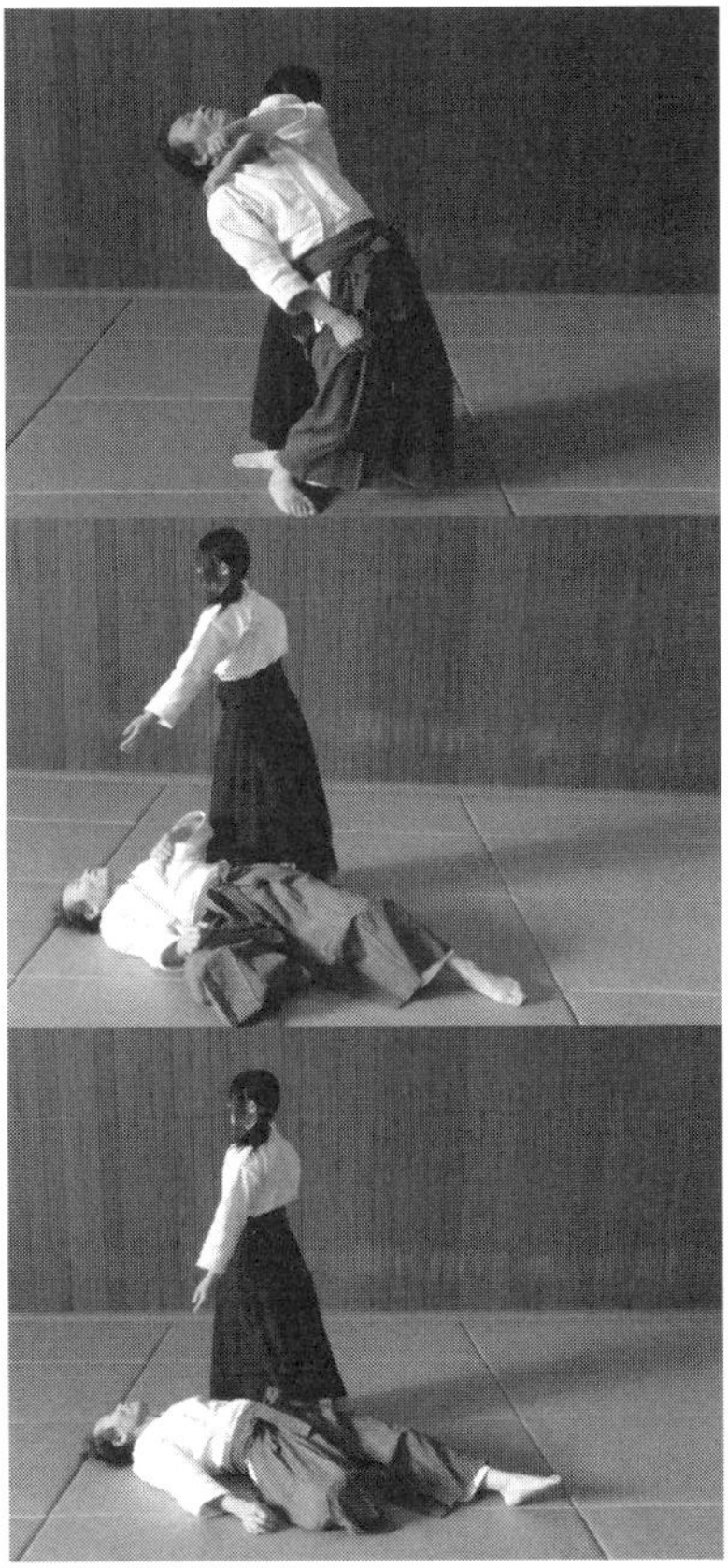

写真 106 受けの中段突きをつかみながら入り身転換するまで

入り身転換によって取りは時計回りに既に半周回転しているが、取りはそこからさらに同じ時計回りに半回転ないしは一回転しながら左手で受けの首を自分の方に引きつける。同時に右手を受けの顎に当てて真上に引き上げれば、受けは腰から大きく崩れて倒れてしまう。これを「中段突き入り身投げ」と呼ぶ。

写真 107
中段突き入り身投げ
（右）後半

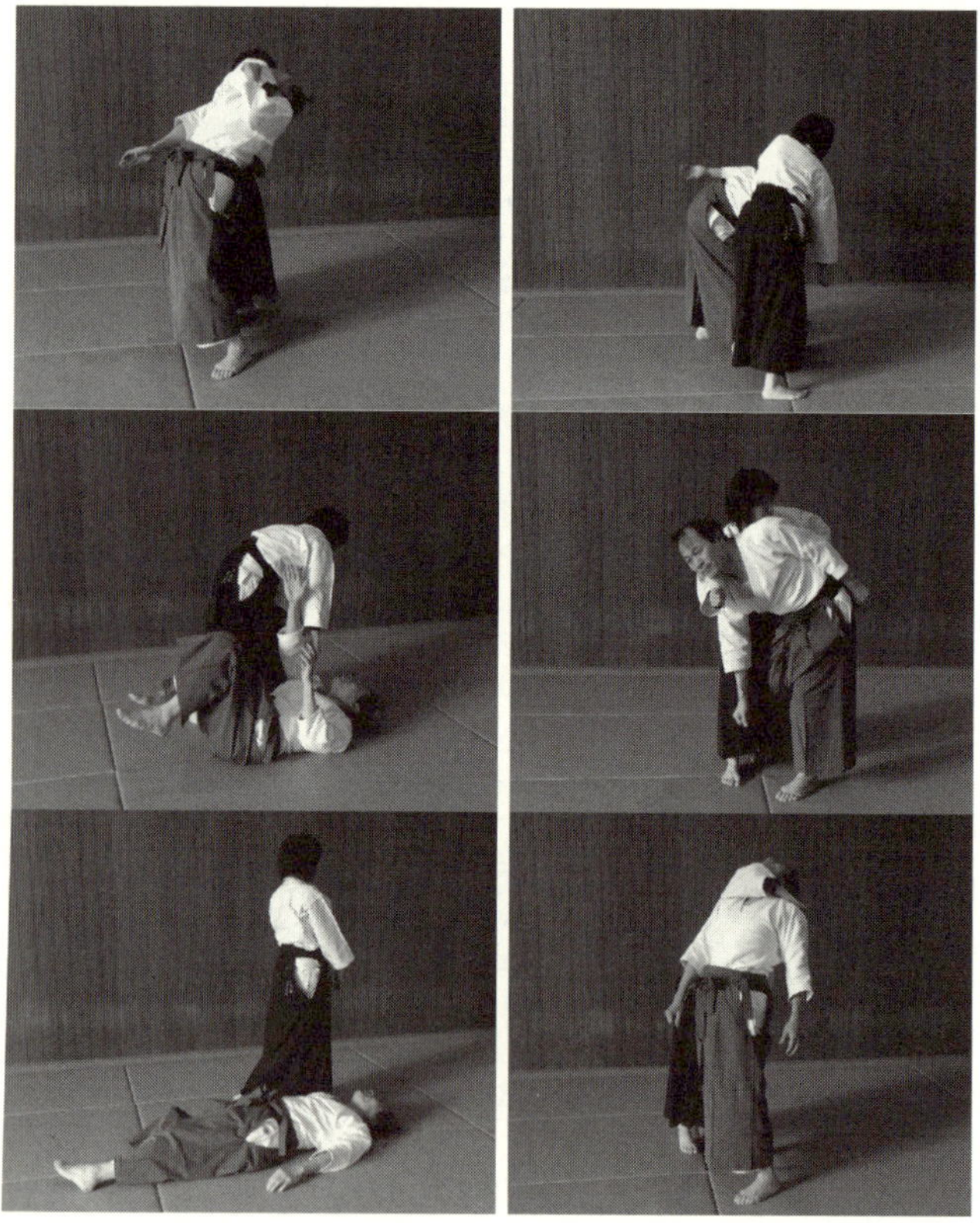

受けが左手で取りの鳩尾を拳で突いてくる場合には、取りは後ろ

に引きながら左手で受けの左手首をつかむと同時に、右手が受けの首に後ろから軽く触れるように反時計回りに入り身転換を行いながら受けの左手を下に落とす。取りがそこからさらに同じ反時計回りに半回転ないしは一回転しながら右手で受けの首を自分の方に引きつけると同時に左手を受けの顎に当てて真上に引き上げれば、受けは腰から崩れて倒れる。

写真 108
中段突き入り身投げ（左）

下段突き入り身投げ

互いに畳一畳程度空けて右半身で相対して立った位置から、受けは前に進みながら右手拳で取りの下腹を突きに行く（これを「下段《げだん》突き」という）。これに対し、取りは前に進みながら右手で受けの右手拳を上から巻き込むように払うと同時に左手で受けの首に後ろから軽く触れるように時計回りに入り身転換を行う。

写真 109
受けの下段突きを払いながら入り身転換するまで

入り身転換によって時計回りに既に半周回転しているが、取りはそこからさらに同じ時計回りに半回転ないしは一回転しながら左手で受けの首を自分の方に引きつける。同時に右手を受けの顎に当てて真上に引き上げれば、やはり受けは腰から崩れて倒れてしまう。この投げ技を「下段突き入り身投げ」と呼ぶ。

写真 110
下段突き入り身投げ（右）後半

受けが左手で取りの下段を拳で突いてくる場合には、取りは前に進みながら左手で受けの左手を上から巻き込むように払うと同時に、右手を受けの首に後ろから軽く触れるようにして反時計回りに入り身転換を行う。取りがそこからさらに同じ反時計回りに半回転ないしは一回転しながら右手で受けの首を自分の方に引きつけると同時に左手を受けの顎に当てて真上に引き上げれば、受けは腰から崩れて倒れる。

写真 111
下段突き入り身投げ（左）

片手捕り入り身投げ

互いに畳一畳程度空けて左半身で相対して立った位置から、受けは前に進みながら右手で取りの左手首をつかみに行く。これに対し、取りは右手で受けの右手を上から巻き込むようにして払うと同時に、左手で受けの首に後ろから軽く触れるように時計回りに入り身転換を行う。

写真 112
片手捕り入り身投げ (右) 前半
(受けの片手捕りを払いながら
入り身転換するまで)

入り身転換によって時計回りに既に半周回転しているが、取りはそこからさらに同じ時計回りに半回転ないしは一回転しながら左手で受けの首を自分の方に引きつける。同時に右手を受けの顎に当てて真上に引き上げれば、やはり受けは腰から崩れて倒れてしまう。この投げ技を「片手捕り入り身投げ」と呼ぶ。

写真 113
片手捕り入り身投げ（右）後半

受けが左手で取りの右手を捕りにくる場合には、取りは左手で受けの左手を上から巻き込むように払うと同時に、右手が受けの首に後ろから軽く触れるように反時計回りに入り身転換を行う。取りがそこからさらに同じ反時計回りに半回転ないしは一回転しながら右手で受けの首を自分の方に引きつけると同時に左手を受けの顎に当てて真上に引き上げれば、受けは腰から崩れて倒れる。

写真 114
片手捕り入り身投げ（左）

交差捕り入り身投げ

互いに畳一畳程度空けて右半身で相対して立った位置から、受けは前に進みながら右手で取りの右手首をつかみに行く。このとき、取りは受けの右手を自分の右手で導きながら入り身転換で時計回りに半回転すると同時に受けの首に後ろから左手を置き、受けの右手を伸ばしたままさらに同じ時計回りに半回転あるいは一回転するときに左手で受けの首を自分の方に引きつける。さらには右手を受けの顎に当てて真上に引き上げれば、回転運動の慣性力によって受けは腰から崩れて倒れてしまう。この投げ技は「交差捕り入り身投げ」と呼ばれる。

写真 115
交差捕り入り
身投げ（右）

受けが左手で取りの左手を捕りにくる場合には、取りは左手で受けの右手を導くと同時に、右手が受けの首に後ろから軽く触れるように反時計回りに入り身転換を行う。取りがそこからさらに同じ反時計回りに半回転ないしは一回転しながら右手で受けの首を自分の方に引きつけると同時に左手を受けの顎に当てて真上に引き上げれば、受けは腰から崩れて倒れる。

写真 116
交差捕り入り身投げ(左)

写真 116　つづき

両手捕り入り身投げ

互いに畳一畳程度空けて左半身で相対して立った位置から、受けは前に進みながら右手で取りの左手首を、左手で取りの右手首をつかみに行く。これに対し、取りは右手で受けの右手を上から巻き込むようにして払うと同時に、左手で受けの首に後ろから軽く触れるように時計回りに入り身転換を行う。

写真 117
両手捕り入り身投げ（右）前半（受けの両手捕りを払いながら入り身転換するまで）

入り身転換によって時計回りに既に半周回転しているが、取りはそこからさらに同じ時計回りに半回転ないしは一回転しながら左手で受けの首を自分の方に引きつける。同時に右手を受けの顎に当てて真上に引き上げれば、受けは回転運動の慣性力によって腰から崩れて倒れてしまう。この投げ技が「両手捕り入り身投げ」となる。

同じく受けが両手で取りの両手を捕りにくる場合、今度は取りが左手で受けの左手を上から巻き込む

写真 118
両手捕り入り身投げ（右）後半

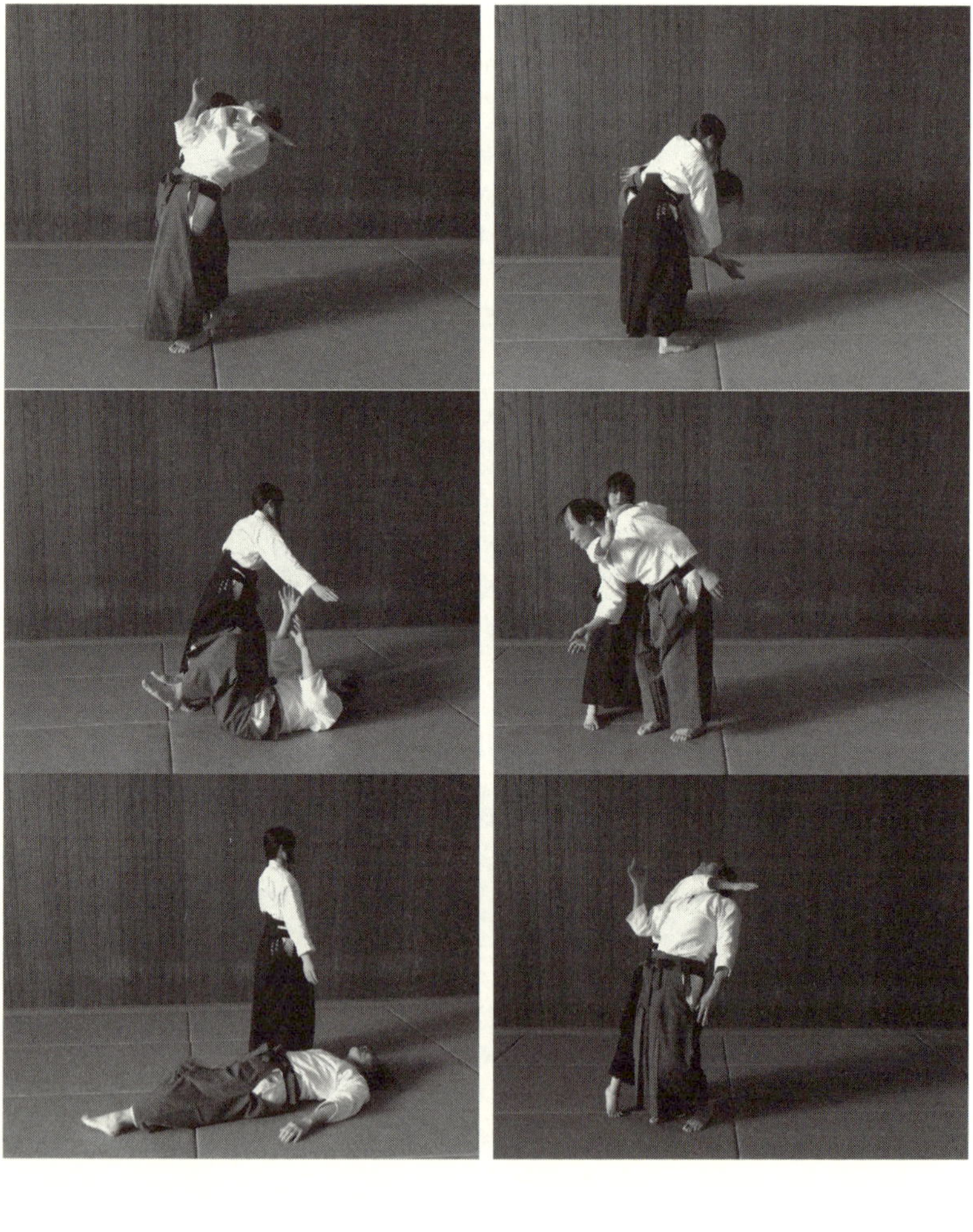

ように払うと同時に、右手が受けの首に後ろから軽く触れるように反時計回りに入り身転換を行うこともできる。このとき、取りがそこからさらに同じ反時計回りに半回転ないしは一回転しながら右手で受けの首を自分の方に引きつけると同時に左手を受けの顎に当てて真上に引き上げれば、受けは腰から崩れて倒れる。

写真 119
両手捕り入り身投げ（左）

諸手捕り入り身投げ

互いに畳一畳程度空けて右半身で相対して立った位置から、受けは前に進みながら両手で取りの右手首をつかみに行く。このとき、取りはつかまれる直前に受けの両手を自分の右手で導くと同時に左手で受けの両手を上から巻き込むようにして払いながら、入り身転換で時計回りに半回転すると同時に受けの首に後ろから左手を置き、受けの両手を伸ばしたまままさらに同じ時計回りに半回転あるいは一回転するときに左手で受けの首を自分の方に引きつける。同時に右手を受けの顎に当てて真上に引き上げれば、回転運動の慣性力によって受けは腰から崩れて倒れる。これが「諸手捕り入り身投げ」と呼ばれる投げ技の動きとなる。

写真 120
諸手捕り入り身投げ（左）

受けが両手で取りの左手を捕りにくる場合には、取りは左手で受けの両手を導くと同時に右手で受けの両手を上から巻き込むように払い、右手が受けの首に後ろから軽く触れるように反時計回りに入り身転換を行う。取りがそこからさらに同じ反時計回りに半回転ないしは一回転しながら右手で受けの首を自分の方に引きつけると同時に左手を受けの顎に当てて真上に引き上げれば、受けはやはり腰から崩れて倒れる。

写真 121
諸手捕り入り身投げ（右）

写真121　つづき

初年次を終えて

以上が合気道星辰館道場入門初年次に修得する合気道の基本的な技法であり、他の道場や大学合気道部においてもほぼこれに準じた技が稽古されている。ただし、特に初年次においては気とか呼吸といった通常の感覚ではとらえにくいものには言及せず、多くの人が日常経験的に理解できる運動に伴う慣性力を利用する合理的技法として合気道の技を解説するのは星辰館道場の特徴となっている。

合気道の創始者である植芝盛平翁が特に基本中の基本として重要視した、一教、四方投げ、入り身投げの三つの技に特化することで、入門して日が浅い門人であっても合気道の神髄に触れながら稽古していく実感を得ることができるのではないだろうか。

入門してからの一年間の稽古で慣性力の有効性を学ぶことができた門人は、二年次、三年次と進んでも無意識のうちに身体の動きに伴う慣性力を常に利用して合気道の技をかけることができるため、より高度な技法を学ぶ上での障害を減らすことができよう。

世の中には合気道を女性のための護身術として謳っている道場やサークルもあるようだが、入門して一年以内の場合にはとっさの場合に護身の役に立つようになるのは難しい。だからといって、上達するまで災難が降りかかってこないという保証などあり得ないのも事実であり、何とか役に立つ手だてを講じておきたいと願うのは自然なことだろう。

女性入門者の多い合気道星辰館道場においては、初年次の技法を護身術として使う場合、四方投げに限定するように指導している。唯一の技に限定する理由は、技の選択肢が多いときには考えてからどれかの技を用いることになって、突然に攻撃されたときには後手に回ってしまうからだ。また、唯一の技として四方投げを用いる理由としては、初年次の女性門人であっても慣性力を活かすことによって腕力の強い男性相手にも技をかけることができるという点と、合気道を知らない一般の人達には想像がつかない動きをするために技が決まりやすいという点がある。

初年次の稽古において、四方投げは取りが前進するときの並進運動に伴う慣性力を利用するように指導されているため、実際に片手を強く捕まれたときの護身術として稽古どおりの片手捕り四方投げがそのまま使えることはいうまでもない。ただし、護身術として四方投げを使うときには、投げた直後に走って逃げ去ることを心がける必要がある。稽古でやるように四方投げで最後に受けの腕を固めて捕まえようなどとしてはいけない。

写真 122
護身術としての片手捕り四方投げ

しかしながら、周囲の状況においては取りが様々な方向に自由に前進することができない場合もあるため、特に回転運動が秘めた慣性力を利用して四方投げを行う手法も護身術としては指導している。これは、前方から歩いてきた不審者が右手ですれ違いざまに女性の右手をつかんだり（「交差捕り」と呼ぶ）、あるいは右手に持っているバッグをつかむなどしてきたとき、女性が左手で不審者の右手首をつかみながらその場で素早く時計回りに一回転して四方投げをかけるものだ。素早い回転運動が持つ慣性力によって、不審者はその場で後ろに倒されてしまうので、女性はそのまま走って逃げることができる。

写真 123
護身術としての交差捕り回転四方投げ

写真123　つづき

おわりに

合気道開祖植芝盛平翁は「日月星辰、ことごとく我がもの」とおっしゃり、大自然、森羅万象とご自身との調和を謳《うた》われている。この言葉から「星辰館」が生まれたといってもいいすぎではない。ノートルダム清心女子大学はキリスト教に根ざしたリベラルアーツ教育を行っているが、このカトリック系女子大学で合気道を正式なクラブ活動として認められた当時の運営者のリベラリティに感謝せずにはいられない。学内には随所にマリア様の像が見られたり、建物名が聖人に由来したりするのであるが、日本の伝統武道の血を引く合気道が長く本学の学生生活に芳醇《ほうじゅん》な香りを付加してきたことは、誠に得がたいことである。

合気道は特定の愛好者だけのものではない。幅広い年齢層で、男女を問わず、無理のない柔軟な動きによって身体に程良い刺激を与え、各器官の働きを促し健康を増進する。入学時にはひ弱で内向的な学生が、合気道に親しむようになって見違えるようなしなやかな動きと積極性を身につけ、輝くような美しさを纏《まと》う例を目の当たりにすると、合気道がますます現代人の人生において優れた道となることを確信する。

　ところが大学四年間のうち三年次終了までで合気道のための骨格制御機構を活用できるようになっても、四年次には学生の本業たる卒業論文と社会の大海原に漕ぎ出す就職活動のため、稽古に出ることは極めて困難になり事実上引退することとなるのはやむを得ないところである。そして卒業と同時に合気道から遠ざかり、気がついたときには仕事一辺倒に、あるいは主婦となっていて子育てに追われる毎日だったりすることになる。

　せっかく身に付けた合気道もいつしか遠い思い出の一ページにすぎないものと化し、かつてレポート書きで生じた肩こりが二教の裏技で解消したことなど忘れてしまう。

　個々の技に限らず、総じて合気道の力まない動きは身体の特定の部位の力だけに頼るのでなく、全身を使ってそれ以上の効果を上げることができる。それは一台の強力な機関車で連結された長い客車を引っ張るのと違って、重量配分に優れ、前後どちらにも自在に切り替えられ、滑らかに動き出す電車にたとえられるであろう。

　さて、「はじめに」の中でふれたように、合気道星辰館道場は一般社会人に門戸を開いている。とはいえ、この道場のメリットに最大限浴するのは本学の合気道部ＯＧ、そしてその子供達、友人、近隣の知人であろう。

　多様化する社会の中で一つのことを続けていくのは簡単なことではない。様々な環境・激変する価値観など継続を妨げる要因は枚挙にいとまがない。生涯教育ということばがいわれて久しいが、今こそ人生の一貫した伴走者たる武道、ここでは「合気道」がその役目を果たしてくれると信じている。
新たに合気道星辰館道場を組織するにあたり、この教本を世に出すことができるのは誠に有意義なことであり、これまでノートルダム清心女子大学合気道部を導き支えてくださった方々に心から御礼を申し上げたい。

合気道星辰館道場
道場長　北村　好孝

付録　合気道関連団体・主要道場抜粋

財団法人　合気会（本部道場）
連絡先：〒162-0056　東京都新宿区若松町 17-18　電話：(03)3203-9236

合氣道眞伝会（本部）
連絡先：〒213-0014　神奈川県川崎市高津区新作 2-10-1-408　電話：0120-88-7678

日本合気道協会昭道館（本部）
連絡先：〒545-0021　大阪府大阪市阿倍野区阪南町 1-28-7　電話：06-6622-2046

公益財団法人　合気道養神会（養神館道場）
連絡先：〒169-0075　東京都新宿区高田馬場 4-17-15　電話：03-3368-5556

岩間神信合氣修練会（本部）
連絡先：〒319-0203　茨城県笠間市吉岡 53-1　電話：0299-45-3788

万生館合氣道（本部道場）
連絡先：〒860-0844　熊本県熊本市水道町 2-2　手取神社境内　電話：096-352-7336

聖霊合気流道聖神館（本部）
連絡先：〒243-0112　神奈川県愛甲郡清川村煤ヶ谷 4228-2　電話：046-288-3987

合気新道（NPO 法人事務局）
連絡先：〒857-0067　長崎県佐世保市神島町 17-4　電話：050-1132-5873

天道流合気道天道館（道場）
連絡先：〒154-0004　東京都世田谷区太子堂 2-13-15　電話：03-3413-1239

合気道星辰館道場（本部）
連絡先：〒700-0014　岡山県岡山市北区津倉町 1-12-7　電話：086-256-7264

編著者：合気道星辰館道場

合気道三年教本　第一巻　初年次初級編／慣性力を活かす
2011年5月31日　第1刷発行

発行所：㈱海鳴社
http://www.kaimeisha.com/
〒101-0065 東京都千代田区西神田2-4-6

発行人：辻 信行
組　版：海鳴社
印刷・製本：シナノ

出版社コード：1097
ISBN 978-4-87525-279-5